독자의 1초를
아껴주는 정성을
만나보세요!

세상이 아무리 바쁘게 돌아가더라도 책까지 아무렇게나 빨리 만들 수는 없습니다.

인스턴트 식품 같은 책보다 오래 익힌 술이나 장맛이 밴 책을 만들고 싶습니다.

땀 흘리며 일하는 당신을 위해 한 권 한 권 마음을 다해 만들겠습니다.

마지막 페이지에서 만날 새로운 당신을 위해 더 나은 길을 준비하겠습니다.

目目 길벗 IT 도서 열람 서비스

도서 일부 또는 전체 콘텐츠를 확인하고 읽어볼 수 있습니다.
길벗만의 차별화된 독자 서비스를 만나보세요.

더북(TheBook) ▶ https://thebook.io

더북은 (주)도서출판 길벗에서 제공하는 IT 도서 열람 서비스입니다.

アルゴリズム図鑑 増補改訂版

(Algorithm Zukan Johokaiteiban: 7243-9)
© 2023 Moriteru Ishida, Shuichi Miyazaki
Original Japanese edition published by SHOEISHA Co.,Ltd.
Korean translation rights arranged with SHOEISHA Co.,Ltd. through Botong Agency
Korean translation copyright © 2024 by Gilbut Publishing INC.

그림으로 이해하는 알고리즘

ALGORITHM

초판 발행 · 2024년 4월 30일
초판 2쇄 발행 · 2024년 7월 30일

지은이 · 이시다 모리테루, 미야자키 슈이치
옮긴이 · 이동규
발행인 · 이종원
발행처 · (주)도서출판 길벗
출판사 등록일 · 1990년 12월 24일
주소 · 서울시 마포구 월드컵로 10길 56(서교동)
대표전화 · 02)332-0931 | **팩스** · 02)323-0586
홈페이지 · www.gilbut.co.kr | **이메일** · gilbut@gilbut.co.kr

기획 및 책임 편집 · 이원휘(wh@gilbut.co.kr) | **디자인** · 장기춘 | **제작** · 이준호, 손일순, 이진혁
마케팅 · 임태호, 전선하, 차명환, 박민영, 지운집, 박성용 | **유통혁신** · 한준희 | **영업관리** · 김명자 | **독자지원** · 윤정아

편집 진행 · 이미연 | **전산 편집** · 박진희 | **출력 · 인쇄 · 제본** · 정민

ISBN 979-11-407-0940-3 93000
(길벗 도서번호 080400)

정가 22,000원

독자의 1초를 아껴주는 정성 길벗출판사

(주)도서출판 길벗 IT교육서, IT단행본, 경제경영, 교양, 성인어학, 자녀교육, 취미실용 www.gilbut.co.kr
길벗스쿨 국어학습, 수학학습, 어린이교양, 주니어 어학학습, 학습단행본 www.gilbutschool.co.kr

페이스북 www.facebook.com/gbitbook
裝丁 · 本文デザイン 植竹 裕(UeDESIGN)

그림으로 이해하는 알고리즘

이시다 모리테루, 미야자키 슈이치 지음
이동규 옮김

길벗

이 책은 '알고리즘 도감'이라는 애플리케이션을 기반으로 다양한 알고리즘과 자료 구조의 동작을 그림과 함께 친절하게 설명합니다.

알고리즘은 같은 목적을 달성하더라도 서로 다른 성질을 가지곤 합니다. 예를 들어 어떤 알고리즘은 실행 시간이 짧지만 메모리를 많이 사용하고, 어떤 알고리즘은 실행 시간이 길지만 메모리를 적게 사용합니다. 다양한 알고리즘을 안다는 건 프로그램을 만들 때 선택지가 늘어난다는 의미입니다. 상황에 맞게 최적의 알고리즘을 선택할 수 있는 능력은 좋은 프로그래머가 되기 위한 조건 중 하나입니다.

만약 알고리즘에 흥미를 느낀다면 효율적인 알고리즘이 개발되지 않은 문제나 알고리즘으로 해결할 수 없는 문제 등을 연구하는 '알고리즘 이론'이라는 학문에 도전해 보시면 어떨까요?

이시다 모리테루

알고리즘이란 문제를 해결하기 위한 계산의 실행 순서를 말하며, 컴퓨터 프로그램의 전 단계에 해당합니다. 같은 문제를 컴퓨터로 풀더라도 답이 나올 때까지의 계산 시간은 효율적인 알고리즘을 사용하는 경우와 그렇지 않은 경우에 따라 크게 다릅니다. 그리고 효율적인 알고리즘을 실행하기 위해서는 그에 맞는 적절한 자료 구조를 사용해야 합니다. 이 책은 알고리즘과 자료 구조를 입문자도 간단하게 이해할 수 있도록 만들었습니다.

이 책은 '알고리즘 도감'이라는 애플리케이션을 기반으로 작성했습니다. 앱은 애니메이션을 사용하여 알고리즘의 동작을 설명하는데, 이 책은 그림을 충분히 사용하여 앱만큼이나 알기 쉽도록 작성했습니다. 그리고 책을 출판하면서 앱에는 없는 '알고리즘이란 무엇인가', '알고리즘의 계산 시간', '그래프의 기초' 같은 절을 새롭게 작성했습니다. 개정판에는 전판과 앱에서 다루지 않았던 '데이터 압축'을 추가했고, '최소 신장 트리', '매칭' 같은 그래프 문제와 '문자열 매칭'을 추가했습니다. 이로써 더욱 이해력을 높일 수 있으리라 기대합니다.

이 책은 알고리즘의 입문에 해당합니다. 알고리즘의 세계는 더 넓고 깊습니다. 이 책을 읽고 알고리즘에 흥미가 생겼다면 더 깊이 파고들어가 보시기를 바랍니다.

미야자키 슈이치

감사의 말씀

이 책은 '알고리즘 도감' 앱의 일러스트를 많이 사용했습니다. 일러스트 제작자인 미츠모리 유우키 씨가 일러스트를 사용할 수 있게 흔쾌히 동의해 주셨습니다. 또한 쇼에이샤 출판사의 하다 가즈히로 씨에게는 기획부터 편집, 진행에 이르는 모든 과정에서 크게 신세를 졌습니다. 지면을 빌어 두 분께 감사의 마음을 전합니다.

이시다 모리테루/미야자키 슈이치

이 책은 '알고리즘 도감'이라는 애플리케이션을 책으로 만든 것입니다. 책으로 만들면서 추가, 수정한 부분이 있는데, 특히 기초 이론 부분을 새롭게 작성했습니다.

앱에서는 책에 등장하는 알고리즘을 애니메이션으로 설명합니다. 또한 몇몇 알고리즘은 설정을 바꾸어 가면서 다양한 패턴을 확인해 볼 수 있습니다. 책과 앱을 함께 이용하면 더욱 쉽게 이해할 수 있습니다. 앱은 다음 방법에 따라 다운로드할 수 있으니 잘 활용하기 바랍니다.

▶ iPhone/ iPad의 경우

❶ App Store에 접속
❷ 검색을 눌러 '알고리즘 도감'을 검색
❸ 받기

다음 URL/QR 코드를 통해서
도 다운로드할 수 있습니다.
https://apps.apple.com/
kr/app/알고리즘-도감/
id1047532631

▶ 안드로이드의 경우

❶ Play 스토어에 접속
❷ 화면상의 검색창에서 '알고리즘 도감'을 검색
❸ 설치

다음 URL/QR 코드를 통해서
도 다운로드할 수 있습니다.
https://play.google.
com/store/apps/
details?id=wiki.algorithm.
algorithms&hl=ko_KR

* 앱은 무료로 다운로드할 수 있으며, 알고리즘 중 일부를 확인할 수 있습니다. 모든 알고리즘을 확인하려면 앱 내에서 유료 서비스를 결제해야 합니다.

개발자로 일하다 보면 계속해서 새로운 용어를 접하게 됩니다. 그때마다 가슴이 탁 막히곤 합니다. 하지만 막상 이해하고 나면 상식 수준에서 이해할 수 있는 경우가 허다합니다. 천재가 아니면 이해할 수 없는 개념보다는 단순한 연산밖에 못 하는 컴퓨터도 정확하게 수행할 수 있는 개념에 불과한 경우가 많습니다.

계속 새롭게 등장하는 알고리즘과 용어를 이해하고 응용하는 것은 개발자의 숙명입니다. 개발자로서 스트레스 없이 살아가기 위해서는 새로운 용어나 알고리즘이 나오더라도 쉽게 이해할 수 있다는 자신감이 무척 중요합니다. 막상 이해하면 별거 아니라는 자신감으로 누구보다 먼저 정면으로 부딪쳐 맞서야 합니다.

이러한 자신감을 가지기 위해서는 컴퓨터학이 발전하면서 등장한 대표적인 알고리즘을 확실히 알아 두는 것이 좋습니다. 하지만 처음부터 각 알고리즘을 코드 레벨로 전부 파악하려고 하면 시간 대비 효율이 좋지 않아 오히려 흥미를 잃을 수 있습니다.

컴퓨터학에 등장하는 많은 개념은 먼저 추상적으로 이해한 뒤 구체적으로 꼼꼼하게 파악하는 것이 좋습니다. 예를 들어 어떤 문제를 해결하는 200줄짜리 코드가 있다고 해 보겠습니다. 한줄 한줄 읽으면서 이해하기에 앞서 이 코드가 어떤 문제를 어떤 원리로 해결하는지 이해하고, 그다음에 코드를 보면 더 효율적입니다.

알고리즘도 구체적인 부분을 살펴보기에 앞서 추상적으로 그 원리를 이해하는 것이 좋습니다. 특히 알고리즘이 관리하는 상태의 변화를 그림과 숫자로 추적하면서 이해하는 것이 상당히 도움이 됩니다.

그래서 알고리즘을 공부하려는 분에게 다른 책보다 이 책을 먼저 읽기를 권하고 싶습니다. 그림의 도움을 받아 쉽고 빠르게 이해한 뒤 더 구체적인 내용을 추가로 학습하는 접근법을 추천합니다.

이 책을 번역하면서 제가 대학교에서 컴퓨터학을 공부하던 시절에 이 책이 있었으면 얼마나 좋았을까 많이 생각했습니다. 그랬다면 알고리즘에 보다 흥미를 느끼고 공부함으로써 개발자로서의 삶도 더 수월했을 것입니다.

이 책을 통해 많은 분이 알고리즘과 자료 구조에 성공적으로 입문하기를 바랍니다.

이동규

현대에는 공학 문제를 해결하기 위해 코딩과 시뮬레이션이 반드시 필요합니다. 그리고 알고리즘과 자료 구조를 적절히 활용하면 프로그램의 실행 시간과 컴퓨팅 자원 소모를 엄청나게 줄일 수 있습니다. 그러나 이를 잘 이해하는 사람은 많지 않습니다. 이러한 맥락에서 이 책은 그림을 활용하여 알고리즘과 자료 구조를 직관적으로 설명하는 특별한 책입니다. 글로는 전달하기 어려운 내용을 시각적으로 이해하기 쉽게 설명하기 때문입니다. 이 책은 컴퓨터공학 분야의 입문자뿐만 아니라 전기전자 분야를 공부하는 학생에게도 알고리즘과 자료 구조의 중요성을 강조하고 직관적인 이해를 높여주는 데 도움이 될 것입니다. 코드가 포함되어 있지는 않기 때문에, 관련 분야의 심화 서적을 찾아보고 책에서 다루는 알고리즘과 자료 구조를 직접 구현해 보는 것을 추천합니다.

이우찬_인천대학교 전기공학과 교수

흔히 보는 알고리즘 책은 방대한 이론을 어렵게 서술했다면, 이 책은 제목에서 말한 대로 그림이 책의 절반입니다. 그만큼 읽기 편하고 이해도 정말 잘됩니다. 또한 단순히 시험을 위한 알고리즘뿐 아니라 보안 알고리즘 등도 다루는데, 최근에 정말 많은 보안 알고리즘을 읽어 보았지만 이 책만큼 쉽게 정리된 책은 못 봤습니다. 물론 기초적인 내용이라 그럴 수도 있겠지만 알고리즘 자체가 어렵게 느껴진다면 이 책을 먼저 읽어 보고 다른 심화 내용을 공부하면 이해가 정말 잘될 거라고 자신합니다.

이장훈_4년 차 DevOps 엔지니어

이 책은 알고리즘의 원리와 내용을 모두 그림으로 설명합니다. 그림을 통해 알고리즘 입문자가 원리를 이해하도록 도와줍니다. 서장에 시간 측정법을 먼저 설명하고 이후에 설명하는 여러 알고리즘의 원리를 이 내용과 연관 지어 생각해 볼 수 있습니다. 후반부 내용 중 보안 알고리즘은 프로그래밍에서 중요한 영역인 데이터 보안의 내용과 연관 지어 설명하므로, 현재 보안 기술이 어떠한 원리로 이루어져 있는지 이해할 수 있었습니다. 마지막 장에서는 알고리즘 책에서 빠지지 않은 여러 기법을 함께 다루기 때문에 알고리즘에 입문하기를 원하는 분께 추천합니다.

최인주_에스에스지닷컴 백엔드 개발자

자료 구조와 정렬, 탐색에 해당하는 알고리즘뿐 아니라 보안과 데이터 압축 등에 대한 알고리즘도 익힐 수 있는 책입니다. 대부분 알고리즘은 추상적인 개념 설명과 코드 작성을 중심으로 학습하는데, 그래서 머릿속에서 정리되지 않는 개념은 대강 흘려 보내거나 포기하는 경우도 많습니다. 이 책에서는 모든 설명을 그림으로 하기 때문에 데이터의 흐름이 눈에 잘 들어옵니다. 평소 부족하다고 생각했던 알고리즘이 있었다면, 개념을 잘 정리하는 데 도움을 줄 것입니다.

박수빈_엔씨소프트 15년차 안드로이드 개발자

정보처리기사 시험을 준비하면서 알고리즘의 이론 강의를 많이 들었는데 그 강의에서 보던 알고리즘 관련 지식들이 순서대로, 컬러로 정리되어 이해하기 쉬웠습니다. 이 책에서 가장 좋았던 부분은 정렬 모음 부분입니다. 버블 정렬, 삽입 정렬을 이해하려고 고생을 많이 했는데, 순서대로 그림을 볼 수 있어서, 정보처리기사 실기를 볼 때 아주 유용할 것 같습니다. 두 정렬이 헷갈렸는데 색깔로 표시하니 눈에 확 들어와서 100% 이해했습니다.

임경륜_직장인 백엔드 개발자로 이직 준비 중

자원 효율적인 프로그램을 작성하기 위해선 적재적소에 알맞게 최적의 알고리즘을 구현하여(선택하여) 사용해야 합니다. 그리고 세상에는 이미 다양한 알고리즘이 존재합니다. 우리보다 앞선 수많은 이가 치열하게 고민하여 만들어 놓은 결과물(알고리즘)을 쉽게 가져다 사용할 수 있는 세상입니다. 하지만 쉽게 가져다 사용할 수 있다고 해서 알고리즘 학습이 결코 쉬운 것은 아닙니다. 좋은 알고리즘은 견고한 논리 위에 탄탄히 세워진 성과 같습니다. 이런 철옹성을 만나면, 이해하기 어려운 개념과 복잡한 수식의 난해성에 무릎을 쉽게 꿇게 되는 경우도 부지기수입니다. 그러다가 결국 알고리즘 배우기를 포기하게 됩니다. 그렇다면 알고리즘을 처음부터 쉽게 차근차근 배울 수 있는 방법은 없을까요?

이 책은 초보자의 눈으로 알고리즘 세계를 향한 여정을 안내합니다. 복잡한 수식과 코드는 등장하지 않고, 풍부한 그림과 명료한 설명, 간결한 구조로 최대한 이해하기 쉽게 이끌어 갑니다. 또한 보안과 머신러닝 등에서 사용되는 알고리즘도 다루며 넓은 범위에서 다양한 개념을 학습할 수 있습니다. 이 책을 완독하면 본격적으로 알고리즘을 어떻게 코드로 구현할 수 있는지 자신감이 붙을 것입니다. 그리고 알고리즘이 내용 학습으로 끝나는 게 아니라 비로소 제대로 된 알고리즘의 시작으로 연결될 것입니다. 이 책으로 알고리즘에 대해 더 많은 흥미와 호기심이 배가된다면 그것만으로도 이 책의 목적은 충분히 달성했다고 봅니다. 바로 그 흥미와 호기심이 여러분을 알고리즘 학습의 다음 세계로 인도할 것입니다.

이종원_ 시스템 엔지니어

알고리즘과 자료 구조를 설명하는 책은 많습니다. 대부분 특정 프로그래밍 언어로 알고리즘, 자료 구조를 어떻게 구현하는지 보여 줍니다. 하나의 언어만 사용한다면 이런 책도 괜찮지만, 알고리즘과 자료 구조를 온전히 이해하기에는 부족합니다.

이 책은 복잡하고 어렵게 느껴졌던 알고리즘과 자료 구조를 깔끔한 그림으로 설명합니다. '이렇게 쉽게 표현할 수 있는 것이었나?'라는 생각이 들 정도네요. 실전에서 사용하는 다양한 알고리즘과 자료 구조에 대해 많이 이해할 수 있습니다. 이 책으로 원리와 규칙을 이해한다면 프로그래밍 언어의 제약 없이 구현할 수 있을 것입니다.

김동우_프리랜서 백앤드 프로그래머

제 0 장

─── 서장 ───

알고리즘의
기본

No.

0-1 알고리즘이란?

알고리즘과 프로그램의 차이

알고리즘(algorithm)은 계산이나 작업을 수행하는 순서를 말합니다. 요리에서 말하는 레시피와 비슷합니다. 어떤 요리를 만드는 순서가 레시피라면, 어떤 문제를 컴퓨터로 푸는 순서가 알고리즘입니다. 여기서 컴퓨터로 풀 수 있는 문제로는 '나열된 수를 작은 순서로 정렬하기', '출발지에서 목적지까지 최단 경로 찾기' 등이 있습니다.

하지만 레시피와 알고리즘 사이에는 결정적인 차이점이 있습니다. 알고리즘은 매우 구체적이고 엄격하게 기술된다는 점입니다. 레시피는 두루뭉술한 표현이 포함될 수 있습니다만, 알고리즘은 모든 순서가 수학적으로 기술되어 애매한 부분이 전혀 없습니다.

알고리즘이 프로그램과 비슷하다고 생각할 수도 있습니다. 하지만 프로그램은 컴퓨터에서 실행하도록 컴퓨터가 이해할 수 있는 언어로 작성한 것이고, 알고리즘은 프로그램을 작성하기 전에 사람이 이해할 수 있도록 작성한 것입니다. 다만 '어디까지가 알고리즘이고 어디부터가 프로그램이다.'라는 뚜렷한 경계는 없습니다. 똑같은 알고리즘이라도 프로그래밍 언어가 다르면 다른 프로그램이 됩니다. 또한, 같은 프로그래밍 언어로 작성해도 프로그래밍하는 사람에 따라 프로그램이 달라집니다.

정수를 비교하여 나열하는 알고리즘: 정렬

• 작은 숫자를 찾아서 교환하는 선택 정렬

알고리즘의 구체적인 예를 살펴보겠습니다. 2장에서 다루는 정렬은 주어진 숫자를 작은 순서로 재배열하는 알고리즘입니다.

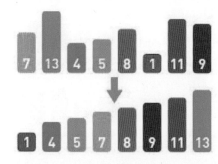

위와 같이 하나의 입력 예만 해결하기는 쉽습니다. 하지만 알고리즘으로 인정받기 위해서는 어떤 입력 데이터가 들어와도 동일하게 문제를 해결할 수 있는 일반적인 기술이어야 합니다. 또한, 위 예에서 주어진 숫자의 개수 n은 8이지만, n이 아무리 크다 해도 정상적으로 처리할 수 있어야 합니다.

가장 먼저 떠오르는 방법은 다음과 같을 것입니다. 주어진 숫자 중에서 제일 작은 숫자를 찾습니다. 이를 제일 왼쪽에 있는 숫자와 교환합니다. 이 예에서는 1이 제일 작기 때문에 제일 왼쪽에 있는 7과 위치를 바꿉니다.

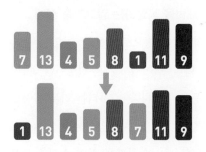

이제 1은 고정되어 더 이상 움직이지 않습니다. 다음으로 남은 숫자 중 가장 작은 숫자를 찾아서 왼쪽에서 두 번째 숫자와 교환합니다. 그러면 4와 13이 서로 위치를 바꾸게 됩니다.

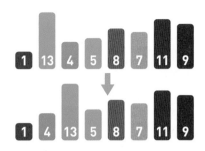

이렇게 한 번 움직여 숫자 하나가 고정되는 것을 한 '라운드'라고 합니다. 일반적으로 k라운드에서는 남은 숫자 중 가장 작은 숫자를 찾아 왼쪽에서 k번째 숫자와 교환하여 고정합니다. k번째 라운드가 종료된 시점에는 왼쪽부터 k개 숫자가 작은 순서대로 정렬되게 됩니다. 같은 작업을 숫자 개수만큼(n라운드) 수행하면 모든 숫자가 작은 순서대로 정렬됩니다. 이 알고리즘은 2–3절에서 소개할 선택 정렬이라는 알고리즘입니다. 어떤 숫자 조합이 입력되든, n의 길이가 얼마나 길든 관계없이 언제나 작은 순으로 정렬합니다.

• 컴퓨터가 알 수 있게 해법을 작성하는 알고리즘 설계

컴퓨터는 정해진 기본 명령을 고속으로 수행할 수 있는 강력한 능력이 있지만, 복잡한 명령을 실행하지는 못합니다. 여기서 기본 명령이란 덧셈이나 메모리의 지정한 주소에 값을 보존하는 것 등을 말합니다. 컴퓨터는 기본 명령으로 움직이며, 복잡한 작업은 이 기본 명령을 조합해 처리합니다. 앞서 살펴본 'n개 숫자를 정렬한다'는 것은 컴퓨터에게 복잡한 작업입니다. 이 복잡한 작업 순서를 컴퓨터가 실행할 수 있도록 기본 명령을 조합해 작성하는 것이 정렬을 푸는 알고리즘을 설계하는 것입니다.

알고리즘을 선택하는 방법

정렬 알고리즘은 선택 정렬 외에도 다양합니다. 같은 문제를 푸는 알고리즘이 여러 개 있을 때 어떤 것을 선택해야 할까요? 알고리즘의 우수성을 평가하는 기준은 여러 가지가 있습니다.

예를 들어 사람이 이해하기 쉬운 알고리즘은 프로그램을 작성하기도 쉽습니다. 그리고 저장 공간을 적게 사용하는 알고리즘은 메모리가 제한된 컴퓨터에서도 작동할 수 있습니다. 하지만 일반적으로 가장 중요한 것은 계산 시간, 즉 입력이 주어진 후에 답이 나올 때까지 걸리는 시간입니다.

숫자 50개를 정렬하는 데 우주의 역사보다 긴 시간이 필요할 수 있다

• 완전 탐색에 의한 정렬

비효율적인 알고리즘을 선택하면 어떻게 되는지 알아보겠습니다. 다음과 같은 정렬 알고리즘을 생각해 봅시다.

> (1) n개 숫자가 나열된 수열을 하나 만든다. (단, 지금까지 만들지 않은 정렬 방식의 수열이다.)
> (2) (1)에서 만든 수열이 왼쪽부터 작은 순으로 정렬되었는지 확인한다. 맞으면 출력하고, 틀리면 (1)로 돌아가서 다시 정렬한다.

이 알고리즘을 '완전 탐색 알고리즘'이라고 부르겠습니다. 완전 탐색 알고리즘을 사용하면 모든 경우의 수를 확인하기 때문에 어떤 입력이 들어와도 반드시 정답을 찾아냅니다.

그러면 계산 시간은 얼마나 걸릴까요? 운이 좋으면 빠른 시간 안에 답을 도출해 낼 수도 있습니다. 하지만 실제로는 운이 좋기만을 기대할 수는 없습니다. 최악의 경우, 마지막에 확인한 수열이 답일 수도 있습니다. 이때는 모든 경우의 수를 다 확인한 뒤에야 답을 찾게 됩니다.

n개 숫자를 나열하는 경우의 수는 n!입니다(n!=n(n−1)(n−2)⋯⋯3 · 2 · 1).
n이 50이라면 다음과 같습니다.

$$50! = 50 \cdot 49 \cdot 48 \cdots\cdots 3 \cdot 2 \cdot 1 > 50 \cdot 49 \cdot 48 \cdots\cdots 13 \cdot 12 \cdot 11 > 10^{40}$$

첫 부등호에서는 10 이하의 수를 버립니다. 2번째 부등호는 왼쪽에 10보다 큰 숫자가
40개 있기 때문에(50! > 10^{40}) 성립합니다.

10^{40}을 처리하는 데 드는 시간을 계산해 봅시다. 고성능 컴퓨터를 사용해 1초에 1조
(10^{12}) 개 수열을 확인한다면 10^{40} ÷ 10^{12} = 10^{28}초가 걸립니다. 1년은 31,536,000초
이므로 10^{8}초보다 짧습니다. 따라서 10^{28}초 > 10^{20}년에 해당합니다.

빅뱅에 의해 시작된 우주의 나이가 약 137억 년이라는데, 이 시간도 10^{11}년보다는 짧
습니다. 즉, 완전 탐색 알고리즘을 사용하면 고작 숫자 50개를 정렬하기 위해 우주의
역사를 10^{9}회 반복해야 할 수도 있습니다.

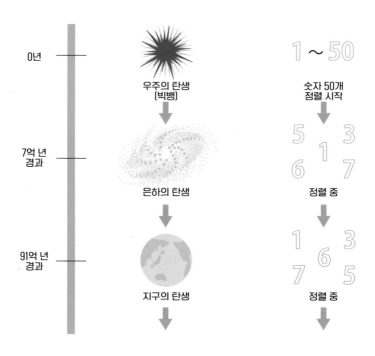

137억 년
경과

현재

정렬 중

• **선택 정렬에 의한 정렬**

그렇다면 앞서 살펴본 선택 정렬의 경우는 어떨까요?

첫 번째 라운드에서는 제일 작은 숫자를 찾기 위해 왼쪽부터 오른쪽까지 최대 n개만 확인하면 됩니다. 이어서 두 번째 라운드에서는 n-1개를 확인해 n-1개 중 가장 작은 값을 찾으면 됩니다. 이를 n번째 라운드까지 반복하므로 전체적으로는 다음과 같은 횟수만큼 숫자를 확인합니다.

$$n+(n-1)+(n-2)+\ldots 3+2+1=\frac{n(n+1)}{2}\leqq n^2$$

n=50일 경우 $n^2 = 2500$입니다. 1초에 1조(10^{12}) 개 숫자를 체크할 수 있는 컴퓨터로 $2500 \div 10^{12} = 0.0000000025$초만에 정렬할 수 있습니다. 완전 탐색 알고리즘과 비교하면 훨씬 빠릅니다.

No.

0-2 계산 시간 측정 방법

입력 크기와 계산 시간의 관계 파악

알고리즘에 따라 계산 시간이 크게 달라질 수 있음을 알아봤습니다. 이번 절에서는 알고리즘의 계산 시간을 구하는 방법에 대해 알아보겠습니다.

알고리즘 실행 시간은 같은 알고리즘이라도 입력 크기에 따라 크게 다릅니다. 예를 들어 숫자 10개를 정렬할 때보다 숫자 1,000,000개를 정렬할 때 시간이 더 오래 걸린 다는 건 직관적으로 알 수 있습니다. 하지만 실제로 얼마나 시간이 더 걸릴까요? 100 배일까요? 아니면 100,000배일까요? 다른 알고리즘 간 실행 시간 차이뿐만 아니라, 같은 알고리즘에서 입력 크기에 따라 계산 시간이 어떻게 변하는지를 파악하는 것도 무척 중요합니다.

계산 시간을 구하는 방법

그럼, 입력의 변화에 따른 계산 시간의 변화는 어떻게 측정하면 좋을까요? 프로그램을 작성해 컴퓨터에서 돌려 보고 실제로 걸린 시간을 측정하는 방법을 생각해 볼 수 있습니다. 하지만 프로그램이 돌아가는 컴퓨터에 따라 측정 시간이 다 다르기 때문에 알고리즘 평가 척도로 사용하기는 어렵습니다.

그래서 알고리즘에 포함되는 기본 동작의 개수를 계산합니다. 적절한 기본 동작을 정의하고 '알고리즘이 완료될 때까지 몇 번 반복하는가'를 계산하는 것입니다.

예를 들어 선택 정렬의 계산 시간을 이론적으로 구해 보겠습니다. 선택 정렬은 다음과 같은 알고리즘이라고 앞에서 배웠습니다.

(1) 수열에서 최솟값을 찾는다.

(2) 찾은 최솟값을 수열의 가장 왼쪽 숫자와 교환하고 정렬할 수열에서 제외한다. 다시 (1)로 돌아간다.

수열에 숫자가 n개 있다면 (1) 최솟값을 찾는 과정은 숫자 n개를 확인합니다. 여기서 숫자 1개를 확인하는 것을 기본 동작이라 정의하고 소요 시간을 T_c라고 하면 (1)은 n × T_c만큼 시간이 걸립니다.

이어서 숫자 2개를 교환하는 것을 기본 동작이라 정의하고 소요 시간을 T_s라고 하겠습니다. 그러면 (2)는 n의 크기와 상관없이 한 번만 교환하기 때문에 T_s 시간이 걸린다고 할 수 있습니다. (1)과 (2)를 n번 반복하고, 회차마다 확인하는 숫자는 하나씩 줄어들기 때문에 총 소요 시간은 다음과 같습니다.

$$(n \times T_c + T_s) + ((n-1) \times T_c + T_s) + ((n-2) \times T_c + T_s) + \ldots + (2 \times T_c + T_s) + (1 \times T_c + T_s)$$
$$= \frac{1}{2} T_c n(n+1) + T_s n$$
$$= \frac{1}{2} T_c n^2 + (\frac{1}{2} T_c + T_s) n$$

마지막 숫자 하나가 남은 단계에서는 최솟값을 찾는 시간이 소요되지 않지만 위 식에서는 식 전개의 편의상 포함했습니다.

계산 시간을 표현하는 방법

위에서 구한 알고리즘 계산 시간을 조금 더 간략히 표현하는 방법을 생각해 봅시다. T_c와 T_s는 기본 동작의 소요 시간으로 입력 값이나 크기에 영향을 받지 않습니다. 위 식에서 입력에 의해 변하는 것은 수열의 길이 n이므로, n이 점점 커지는 경우를 생각해 봅시다. n이 커지면 커질수록 식에서 n^2의 크기가 매우 커지는 반면, 다른 부분은 상대적으로 작아집니다. 즉, 식에서 가장 큰 영향을 주는 부분은 n^2입니다. 따라서 다른 부분을 생략하면 다음과 같이 식을 간소화할 수 있습니다.

$$\frac{1}{2} T_r n^2 + (\frac{1}{2} T_c + T_s)n = O(n^2)$$

위 식을 해석하면 선택 정렬의 실행 시간은 입력 수열의 크기 n의 2승(제곱)에 비례한다고 할 수 있습니다.

마찬가지로, 어떤 알고리즘의 계산량이 다음과 같다면 $O(n^3)$이라고 간략하게 표현할 수 있습니다.

$$5T_x n^3 + 12T_y n^2 + 3T_z n$$

그리고 다음 식의 경우는 $O(n \log n)$이라고 표현합니다.

$$3n \log n + 2T_y n$$

O는 '중요한 항 이외의 항은 무시한다.'라는 의미의 기호입니다. O는 오더(order)라고 읽습니다. 예를 들어 $O(n^2)$이란 계산 시간이 최악의 경우 n^2의 정수배가 된다는 의미입니다(더 정확한 정의는 이 책에서는 생략합니다). 중요한 것은 이 표기법을 통해 알고리즘의 계산 시간을 직관적으로 파악할 수 있다는 것입니다.

예를 들어 선택 정렬의 계산 시간이 $O(n^2)$이고 퀵 정렬은 $O(n \log n)$이라면 퀵 정렬이 더 빠르다는 것을 금방 알 수 있습니다. 또한, 입력 크기 n이 커짐에 따라 계산 시간이 어떻게 달라지는지도 한눈에 파악할 수 있습니다.

이것으로 알고리즘의 기본 설명을 마치고, 다음 장부터는 여러 알고리즘을 구체적으로 살펴보겠습니다.

제 **1** 장

데이터 구조

1-1 데이터 구조란?

데이터의 순서와 위치 관계를 결정한다

컴퓨터는 데이터를 메모리에 저장합니다. 메모리는 다음 그림처럼 상자가 일렬로 나열된 형태라고 생각할 수 있습니다. 상자 하나에 데이터 하나가 담깁니다.

데이터를 메모리에 저장할 때, 데이터의 순서나 위치 관계를 규정한 것이 **데이터 구조**(자료 구조, data structure)입니다.

전화번호부의 데이터 구조를 생각해 보자

• 예(1) 위에서부터 차례로 추가한다

알기 쉬운 예로 전화번호부를 생각해 봅시다. 요즘에는 보통 휴대전화에 전화번호를 저장하지만, 전화번호부처럼 종이에 적어서 관리한다고 생각해 보겠습니다. 가장 기본적인 방법은 전화번호를 기록해야 할 때 종이 위에서부터 차례대로 적는 방법이겠죠.

이름	전화번호
차영식	010-uuu-uuuu
하경수	010-xxx-xxxx
봉진호	010-yyy-yyyy
김우정	010-zzz-zzzz
...	...

봉진호 씨에게 전화를 걸고 싶다면, 위에서부터 하나씩 찾아봐야 합니다. 데이터가 단순히 얻은 순서대로 기록되어 있으므로 봉진호 씨 전화번호가 어디 있는지 알 수 없기 때문입니다. 밑에서부터 찾거나 랜덤하게 찾을 수도 있지만, 순서대로 찾는 방법과 별반 다르지 않습니다. 전화번호 개수가 적다면 쉽게 찾을 수 있지만, 500개 정도만 되어도 무척 힘들어집니다.

• 예(2) 가나다순으로 기록하여 관리한다

이번에는 가나다순으로 관리해 보겠습니다. 가나다순으로 정렬된 전화번호부는 구조를 갖춘 데이터라고 볼 수 있습니다.

이름	전화번호
김진우	010-uuu-uuuu
나진수	010-xxx-xxxx
봉진호	010-yyy-yyyy
차준호	010-zzz-zzzz
...	...

이렇게 하면 예(1)에 비해 원하는 사람을 찾기가 훨씬 수월합니다. 이름의 첫 글자를 보고 위치를 대략 짐작할 수 있습니다. 데이터를 추가할 때는 어떨까요? 새로 사귄 친구 방지환 씨를 전화번호부에 기록해 봅시다. 먼저 적절한 위치를 찾습니다. 방지환 씨는 가나다순으로 나진수 씨와 봉진호 씨 사이에 넣어야 합니다. 하지만 빈 칸이 없기 때문에 봉진호 씨부터 모든 전화번호를 한 칸씩 뒤로 옮겨 적어야 합니다.

이처럼 새롭게 알게 된 친구를 전화번호부에 기록하려면 적절한 위치를 먼저 찾아야 합니다. 그리고 찾은 위치 이후의 모든 전화번호를 한 칸씩 뒤로 옮겨 적어야 합니다. 한 줄씩 아래로 내려 쓰고 원래의 줄을 지워야 하는데, 전화번호가 500개 있다면 하나를 지우고 다시 쓰는 데 10초가 걸린다고 해도 1시간 이상이 걸립니다.

• 두 방법의 장단점

데이터가 들어온 순서대로 기록하는 방법은 추가할 때는 편하지만 검색할 때 시간이 오래 걸립니다. 반면, 이름 순서대로 기록하는 방법은 검색할 때는 편하지만 추가할 때 번거롭습니다.

둘 다 장단점이 있는데, 어떤 방법이 좋은지는 전화번호부를 어떻게 사용할지에 따라 달라집니다. 한 번 만들고 나서 데이터를 더 추가하지 않는다면 후자가 좋습니다. 데이터를 빈번하게 추가하지만 검색은 자주 하지 않는다면 전자를 선택하는 것이 좋습니다.

• 두 방법을 조합하는 방법

두 방법을 적절히 조합하여 장단점을 함께 모으는 방법도 있습니다. 가, 나, 다…와 같이 이름의 첫 글자로 표를 작성하고, 그 표 안에서는 데이터를 선착순으로 추가합니다.

가행

이름	전화번호
김인식	010–aaaa–aaaa
공유	010–bbbb–bbbb
강병규	010–cccc–cccc
김하은·	010–dddd–dddd
…	…

나행

이름	전화번호
나해빈	010-aaaa-aaaa
노진환	010-bbbb-bbbb
노사연	010-cccc-cccc
나형석	010-dddd-dddd
...	...

다행

이름	전화번호
도인환	010-aaaa-aaaa
도진규	010-bbbb-bbbb
두해인	010-cccc-cccc
...	...

이렇게 하면 새로운 데이터를 추가할 때는 해당 표를 찾아 끝에 추가하고, 검색할 때는 해당 표에서만 검색하면 됩니다. 물론 각 표에서는 처음부터 찾아야 해서 불편하지만 전체를 검색하는 것보다는 훨씬 효율적입니다.

효율적인 데이터 구조로 메모리 사용 효율을 높인다

데이터 구조의 개념도 이와 비슷합니다. 데이터를 메모리에 저장할 때 목적에 맞게 잘 구조화하면 사용 효율이 높아집니다.

이번 장에서는 7가지 데이터 구조를 살펴볼 것입니다. 앞에서 설명했듯이 데이터는 메모리에 일렬로 저장되지만, 포인터 같은 도구를 사용하면 그래프나 트리와 같은 복잡한 구조도 만들 수 있습니다(트리 구조는 4-2절에서 다룹니다).

▶ 참고 4-2 너비 우선 탐색

No.

1-2 리스트

리스트는 데이터를 일직선으로 줄줄이 정렬한 데이터 구조입니다. 데이터의 추가나 삭제는 쉬운 반면, 원하는 데이터에 접근하는 시간은 오래 걸립니다.

포인터

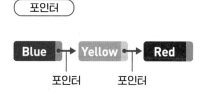

포인터   포인터

Red는 마지막 데이터이기 때문에 Red의 포인터는 아무 데도 가리키지 않습니다.

리스트의 개념도입니다. 세 문자열인 Blue, Yellow, Red가 데이터로 저장되어 있습니다. 각 데이터는 포인터를 가지고 있어서 다음 데이터의 메모리 주소를 가리킵니다.

- -

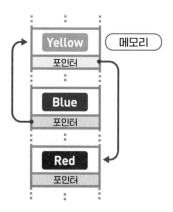

Yellow   메모리
포인터

Blue
포인터

Red
포인터

리스트의 각 데이터는 메모리상에서 연속된 영역에 배치되어 있을 필요가 없습니다. 보통 멀리 떨어진 영역에 분산되어 배치됩니다.

03

연속적으로 배치되어 있지 않고 개별적으로 저장되어 있기 때문에 특정 데이터에 접근하려면 데이터의 포인터를 따라 찾아가야 합니다. 이를 **순차 접근** 혹은 **시퀀셜 액세스**(sequential access)라고 합니다. 예를 들어 Red에 접근하고 싶다면 먼저 Blue에 접근합니다.

04

이후 Yellow를 거쳐야 Red에 접근할 수 있습니다.

05

데이터도 쉽게 추가할 수 있습니다. 추가할 위치의 앞에 있는 데이터의 포인터를 바꾸면 됩니다. 예를 들어 Blue와 Yellow 사이에 Green을 추가하는 경우를 생각해 보겠습니다.

06

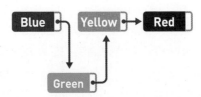

Blue의 포인터가 Green을 가리키고, Green의 포인터가 Yellow를 가리키게 바꿔 주면 데이터 추가가 완료됩니다.

07

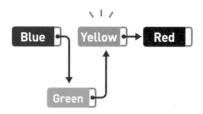

데이터를 삭제할 때도 마찬가지로 포인터만 바꿔 주면 됩니다. 예를 들어 Yellow를 삭제하고 싶은 경우를 생각해 보겠습니다.

08

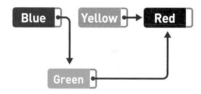

Green의 포인터를 Yellow에서 Red로 바꿔 줍니다. Yellow는 메모리에 남아 있지만, 접근할 방법이 없기 때문에 굳이 삭제할 필요는 없습니다. 다음에 해당 영역이 사용될 때 데이터가 덮어 쓰여 재사용됩니다.

리스트를 사용할 때 계산 시간은 어떨까요? 리스트에 저장되어 있는 데이터의 개수를 n이라고 하겠습니다. 데이터에 접근할 때는 리스트의 맨 처음부터 하나씩 접근해야 하므로(선형 탐색), 계산 시간은 O(n)이 소요됩니다.

데이터를 추가할 때는 포인터를 두 개만 변경하면 되고, 이는 n의 값에 영향을 받지 않기 때문에 상수 시간 O(1)이 소요됩니다. 물론 추가하고 싶은 위치에 이미 접근해 있는 것을 전제로 합니다. 데이터를 삭제할 때도 마찬가지로 계산 시간은 O(1)입니다.

▶ 참고 3-1 선형 탐색

▼ 보충 자료

여기서 살펴본 리스트는 가장 기본적인 리스트에 해당합니다. 편의성을 위해 기능이 확장된 리스트도 여럿 있습니다.

기본적인 리스트의 경우 마지막 데이터는 포인터가 없습니다. 하지만 마지막 데이터의 포인터가 맨 앞의 데이터를 가리키게 하면 리스트를 고리 모양으로 연결할 수 있습니다. 이를 **원형 리스트** 혹은 **순환 리스트**라고 합니다. 이렇게 하면 데이터의 맨 앞이나 맨 뒤라는 개념은 사라집니다. 이러한 리스트는 항상 일정한 개수의 최신 데이터를 보관해야 하는 상황에서 사용되곤 합니다.

원형 리스트

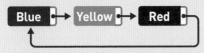

그리고 기본 리스트의 경우 각 데이터의 포인터가 하나인데, 각 데이터가 포인터 두 개로 앞뒤 데이터를 가리키게 만든 **양방향 리스트**라는 것도 있습니다. 리스트를 앞에서 뒤로는 물론 뒤에서 앞으로도 검색할 수 있어 편리합니다.

다만 양방향 리스트는 포인터 수가 늘어난 만큼 데이터양이 증가하고, 데이터를 저장하기 위한 공간도 늘어난다는 단점이 있습니다. 또한 데이터를 추가하거나 삭제할 때 변경해야 할 포인터 수도 늘어납니다.

양방향 리스트

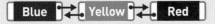

1-3 배열

배열은 데이터를 한 열로 연속해서 정렬하는 데이터 구조입니다. 리스트와 달리 특정 데이터에 접근할 때는 편리하지만, 추가하거나 삭제하려면 시간이 오래 걸립니다. 이는 1-1절에서 가나다순으로 기록한 전화번호부에 이름을 추가하거나 삭제할 때 발생하는 비용과 비슷합니다.

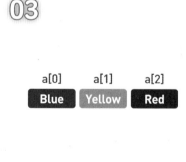 참고 1-1 데이터 구조란?

01

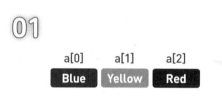

a는 배열의 이름이고, 그 뒤 [ ] 안에 들어 있는 숫자가 몇 번째 항목인지를 의미합니다 (이를 **인덱스**라고 하며, 1이 아닌 0부터 시작합니다). 예를 들어 Red의 a[2]는 배열 a의 3번째 항목이란 뜻입니다.

배열의 개념도입니다. 세 문자열 Blue, Yellow, Red가 데이터로 저장되어 있습니다.

02

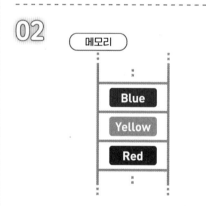

데이터는 메모리의 연속된 영역에 순차적으로 저장됩니다.

03

a[0]   a[1]   a[2]
Blue   Yellow   Red

연속된 영역에 저장되기 때문에 메모리의 주소, 즉 메모리상 위치는 인덱스를 바탕으로 계산할 수 있고, 각 데이터에 직접 접근할 수 있습니다(이를 **랜덤 접근**이라고 합니다).

04

예를 들어 Red에 접근하고 싶을 때, 리스트라면 포인터를 따라 방문해야 하지만 배열은 a[2]라고 지정하기만 하면 바로 직접 Red에 접근할 수 있습니다.

05

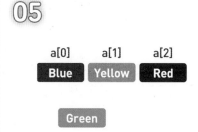

배열의 단점은 임의의 위치에 데이터를 추가하거나 삭제할 때 리스트에 비해 비용이 많이 발생한다는 점입니다. Green을 두 번째 위치인 a[1]에 추가해 보겠습니다.

06

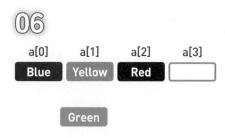

먼저 배열의 마지막 영역에 추가할 공간을 확보합니다.

07

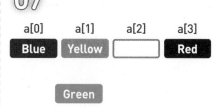

푸시할 위치를 비우기 위해 이후 데이터를 하나씩 옮깁니다. 먼저 Red를 한 칸 뒤로 옮깁니다.

08

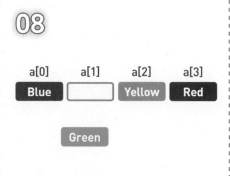

이어서 Yellow를 옮깁니다.

09

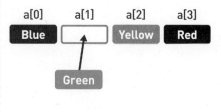

확보한 빈 공간에 Green을 추가합니다.

10

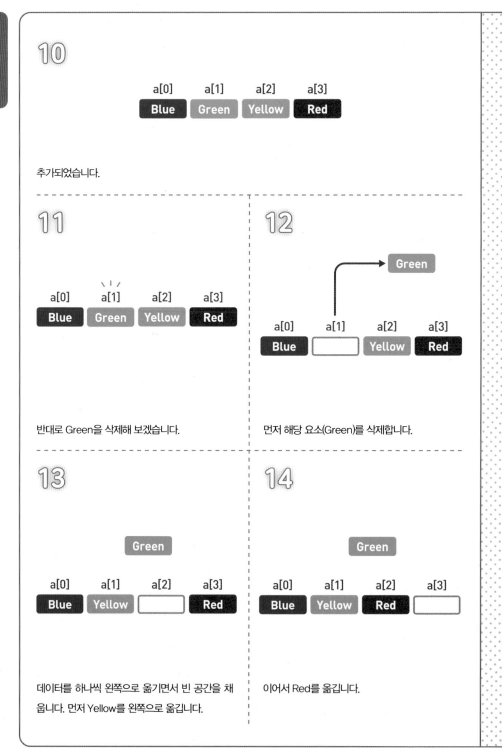

a[0]	a[1]	a[2]	a[3]
Blue	Green	Yellow	Red

추가되었습니다.

11

a[0]	a[1]	a[2]	a[3]
Blue	Green	Yellow	Red

반대로 Green을 삭제해 보겠습니다.

12

Green

a[0]	a[1]	a[2]	a[3]
Blue		Yellow	Red

먼저 해당 요소(Green)를 삭제합니다.

13

Green

a[0]	a[1]	a[2]	a[3]
Blue	Yellow		Red

데이터를 하나씩 왼쪽으로 옮기면서 빈 공간을 채웁니다. 먼저 Yellow를 왼쪽으로 옮깁니다.

14

Green

a[0]	a[1]	a[2]	a[3]
Blue	Yellow	Red	

이어서 Red를 옮깁니다.

15

Green

a[0]	a[1]	a[2]	a[3]
Blue	Yellow	Red	

마지막으로 남은 공간을 삭제합니다. 이것으로 Green의 삭제 연산이 완료됩니다.

해설

배열을 사용할 때의 계산 시간을 알아봅시다. 배열에 저장되어 있는 데이터의 개수가 n이라면, 랜덤 접근이 가능하기 때문에 상수 시간 O(1)에 데이터에 접근할 수 있습니다.

반면, 데이터를 추가할 때는 그 뒤에 있는 모든 데이터를 하나씩 뒤로 옮기는 연산이 발생합니다. 배열의 맨 앞에 데이터를 추가한다면 O(n)의 시간이 소요됩니다. 삭제할 때도 마찬가지로 O(n)의 시간이 듭니다.

보충 자료

리스트와 배열은 둘 다 데이터를 일렬로 나열하는 데이터 구조이나 조금 다릅니다. 리스트는 데이터에 접근할 때 시간이 걸리지만 추가와 삭제는 간단합니다. 반대로 배열은 데이터에 접근하기는 쉽지만 추가와 삭제에 시간이 많이 소요됩니다. 어떤 데이터 구조를 사용할지는 어떤 작업을 더 빈번하게 사용할지를 고려해서 결정하면 됩니다.

	접근	추가	삭제
리스트	느림	빠름	빠름
배열	빠름	느림	느림

NO.

1-4 스택

스택은 데이터를 한 열로 저장하지만, 서류를 쌓아 올릴 때처럼 마지막에 추가한 데이터에만 접근할 수 있습니다. 새로운 서류가 오면 가장 위에 놓고, 꺼낼 때도 맨 위에 있는 서류를 꺼내는 것입니다.

01

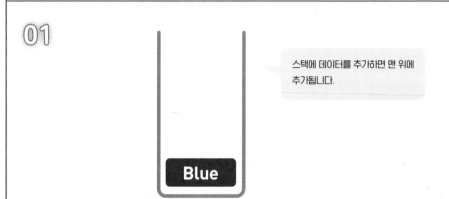

스택에 데이터를 추가하면 맨 위에 추가됩니다.

스택의 개념도입니다. 현재 Blue라는 데이터만 저장되어 있습니다.

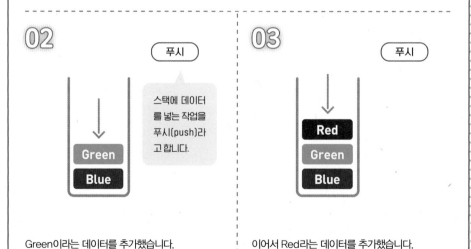

02

스택에 데이터를 넣는 작업을 푸시(push)라고 합니다.

Green이라는 데이터를 추가했습니다.

03

이어서 Red라는 데이터를 추가했습니다.

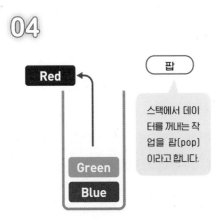

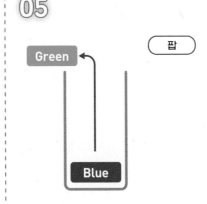

스택에서 데이터를 꺼낼 때는 가장 위에 올린, 즉 가장 직전에 추가된 데이터부터 꺼냅니다. 따라서 Red를 꺼냅니다.

한 번 더 꺼내면 이번에는 Green을 꺼냅니다.

해설

스택처럼 나중에 넣은 것부터 꺼내는 **후입선출** 구조를 **Last In First Out**, 줄여서 **LIFO**라고 합니다. 스택도 리스트나 배열처럼 데이터를 일렬로 저장하지만, 데이터의 추가와 삭제가 한쪽 끝에서만 이뤄집니다. 또한 맨 위에 놓인 데이터에만 접근할 수 있기 때문에 중간에 있는 데이터에 접근하려면 해당 데이터가 스택의 맨 위에 놓일 때까지 데이터를 팝해야 합니다.

◤ 활용 사례

스택은 한쪽 끝에서만 조작할 수 있다는 제약 때문에 불편해 보이지만 항상 최신 데이터에 접근해야 할 때는 유용하게 사용됩니다.

예를 들어 (AB [C [DE] F] [G [[H] IJ] K])라는 문자열의 괄호 대응을 확인하고 싶을 때, 스택을 활용할 수 있습니다. 왼쪽부터 문자를 읽으면서 왼쪽 괄호가 나타날 때마다 해당 위치를 스택에 푸시합니다. 그리고 오른쪽 괄호가 나타났을 때 스택에서 데이터를 팝하면 오른쪽 괄호에 해당하는 짝의 위치를 알 수 있습니다.

그리고 4-3절에서 설명하는 깊이 우선 탐색에서는 탐색 후보 중에서 항상 최신의 것을 선택해야 하기 때문에 스택을 사용합니다. ▶ 참고 4-3 깊이 우선 탐색

No.
1-5 큐

큐도 지금까지 알아본 데이터 구조처럼 데이터를 한 열로 저장합니다. 스택과 비슷하지만, 큐는 추가하는 쪽과 삭제하는 쪽이 반대입니다. 큐를 **대기 행렬**이라고도 하는데, 이름이 의미하듯이 줄을 서 있는 행렬과 비슷합니다. 새로 온 사람은 제일 뒤에 줄을 서고, 제일 앞에 선 사람부터 순서대로 처리됩니다.

01

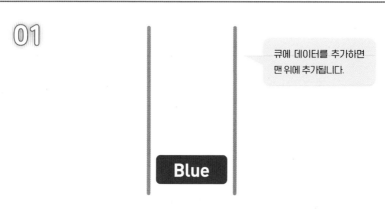

큐에 데이터를 추가하면 맨 위에 추가됩니다.

큐의 개념도입니다. 현재는 Blue라는 데이터만 큐에 저장되어 있습니다.

02

인큐

큐에 데이터를 추가하는 작업을 인큐(enqueue) 라고 합니다.

Green이라는 데이터를 추가했습니다.

03

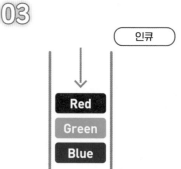

인큐

이어서 Red라는 데이터를 추가했습니다.

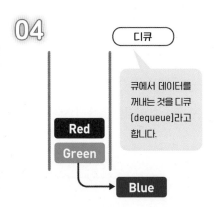

큐에서 데이터를 꺼내는 것을 디큐 (dequeue)라고 합니다.

큐에서 데이터를 꺼낼 때는 가장 아래에 있는, 즉 가장 오래전에, 가장 먼저 추가된 데이터부터 꺼냅니다. 따라서 Blue를 꺼냅니다.

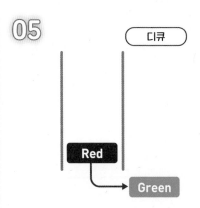

다시 디큐하면 Green을 꺼냅니다.

해설

큐처럼 먼저 넣은 것을 먼저 꺼내는 **선입선출** 구조를 **First In First Out**, 줄여서 **FIFO**라고 부릅니다. 큐도 스택과 마찬가지로 데이터를 조작할 수 있는 위치가 제한되어 있습니다. 스택은 같은 쪽에서 데이터를 추가하고 삭제하는 반면, 큐는 추가하는 쪽과 삭제하는 쪽이 반대입니다. 스택과 마찬가지로 중간에 있는 데이터에는 접근할 수 없고, 필요한 데이터가 나올 때까지 디큐해야 합니다.

🚩 활용 사례

오래된 데이터부터 차례로 처리하는 것은 지극히 자연스러운 방식이므로, 큐는 폭넓게 활용되고 있습니다. 예를 들어 4-2절에서 설명하는 너비 우선 탐색에서는 탐색 후보 중에서 항상 가장 오래된 것을 선택해야 하기 때문에, 큐를 사용합니다. ▶ 참고 4-2 너비 우선 탐색

NO. 1-6 해시 테이블

해시 테이블은 해시 함수를 활용해 만든 데이터 구조로, 데이터를 효율적으로 검색할 수 있습니다.

▶ 참고 5-3 해시 함수

01

Key	Value
Joe	M
Sue	F
Dan	M
Nell	F
Ally	F
Bob	M

'M'이 남성, 'F'가 여성입니다.

해시 테이블은 키(key)와 값(Value)을 하나의 짝으로 저장하는 데이터 구조입니다. 이 예에서는 사람별로 데이터를 저장합니다. 이름을 키로, 성별을 값으로 하여 짝을 맞춰 저장합니다.

02

Joe	M
Sue	F
Dan	M
Nell	F
Ally	F
Bob	M

해시 테이블의 특징을 비교해서 알아보기 위해, 같은 데이터를 배열에 저장하는 경우를 살펴보겠습니다.

▶ 참고 1-3 배열

03

0	Joe	M
1	Sue	F
2	Dan	M
3	Nell	F
4	Ally	F
5	Bob	M

상자 6개로 구성된 배열을 마련하여 데이터를 저장했습니다. 여기서 Ally의 성별을 알고 싶다면 Ally가 배열의 몇 번째 상자에 저장되어 있는지 모르기 때문에 앞에서부터 차례대로 확인해야 합니다. 이러한 작업을 **선형 탐색**이라고 합니다.

▶ 참고 3-1 선형 탐색

원 포인트 일반적으로 키는 데이터의 식별자이며, 값은 데이터의 내용이라고 생각하면 됩니다.

04

0번 상자에 저장된 데이터의 키는 Joe, 즉 Ally가 아닙니다.

05

1번 상자의 키도 Ally가 아닙니다.

06

마찬가지로 2번, 3번 상자의 키도 Ally가 아닙니다.

07

4번 상자에 저장된 데이터의 키가 Ally입니다. 대응되는 값을 꺼내 Ally의 성별이 여성(F)인 것을 알았습니다.

08

0 Joe M
1 Sue F
2 Dan M
3 Nell F
4 Ally F
5 Bob M

09

0
1
2
3
4

이처럼 선형 탐색은 데이터양에 비례하여 계산 시간이 늘어납니다. 데이터 탐색 시 시간이 오래 걸리므로 배열에 키, 값 데이터를 저장하는 것은 그다지 효율적이지 않습니다.

이 문제를 해결해 주는 것이 해시 테이블입니다. 먼저 데이터를 저장하기 위한 배열을 준비합니다. 여기에서는 상자 5개로 구성된 배열을 준비했습니다. 이제 데이터를 저장해 보겠습니다.

10

Joe

0
1
2
3
4

Joe라는 데이터를 저장한다고 생각해 봅시다.

11

Joe → 4928

0
1
2
3
4

해시 함수를 사용하여 Joe의 키(즉, 문자열 'Joe')에 대한 해시값을 계산합니다. 여기서는 4928이 계산되었다고 합시다.

▶ 참고 5-3 해시 함수

12

Joe → 4928 mod 5 = 3

```
0 [    ]
1 [    ]
2 [    ]
3 [    ]
4 [    ]
```

구한 해시값을 배열 크기인 5로 나눠 나머지를 구합니다. 나눗셈의 나머지를 구하는 연산을 **mod 연산**이라고 합니다. mod 연산 결과 3이라는 숫자가 나옵니다.

13

Joe → 4928 mod 5 = 3

```
0 [        ]
1 [        ]
2 [        ]
3 [ Joe M ]
4 [        ]
```

앞에서 구한 수와 동일한, 배열의 3번 상자에 Joe의 데이터를 저장합니다. 같은 방법으로 다른 데이터도 저장합니다.

14

Sue → 7291 mod 5 = 1

```
0 [        ]
1 [ Sue F ]
2 [        ]
3 [ Joe M ]
4 [        ]
```

Sue 키의 해시값은 7291입니다. 5로 mod 연산을 하면 결과가 1이 나오므로, 배열의 1번 상자에 Sue의 데이터를 저장합니다.

15

Dan → 1539 mod 5 = 4

```
0 [        ]
1 [ Sue F ]
2 [        ]
3 [ Joe M ]
4 [ Dan M ]
```

Dan 키의 해시값은 1539입니다. 5로 mod 연산을 하면 결과가 4가 나오므로, 배열의 4번 상자에 Dan의 데이터를 저장합니다.

16

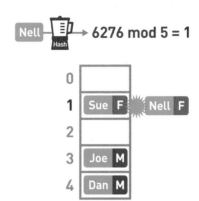

Nell 키의 해시값은 6276입니다. 5로 mod 연산을 하면 결과가 1이 나오므로, 배열의 1번 상자에 Nell의 데이터를 저장합니다. 그런데 1번 상자에는 이미 Sue의 데이터가 저장되어 있습니다. 이렇게 데이터의 저장 위치가 겹치는 것을 **충돌**이라고 합니다.

17

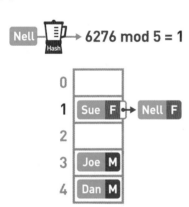

이런 경우에는 기존 데이터와 리스트로 연결합니다.　▶ 참고 1-2 리스트

18

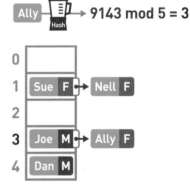

Ally 키의 해시값은 9143입니다. 5로 mod 연산을 하면 결과는 3이 나옵니다. 배열의 3번 상자에 Ally의 데이터를 저장하려고 보니, 3번 상자에는 이미 Joe의 데이터가 있으므로 Ally의 데이터를 리스트로 연결하여 저장합니다.

19

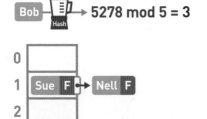

Bob 키의 해시값은 5278입니다. 5로 mod 연산을 하면 결과는 3이 나옵니다. 배열의 3번 상자에 저장하려고 보니, 이미 Joe와 Ally의 데이터가 있으므로 그 뒤에 Bob의 데이터를 리스트로 연결하여 저장합니다.

20

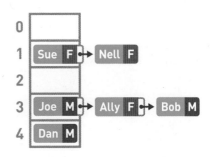

이로써 모든 데이터를 해시 테이블에 저장했습니다.

21

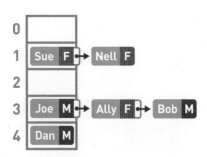

이어서 데이터 검색 방법에 대해 알아보겠습니다. Dan의 성별을 알고 싶다고 생각해 봅시다.

22

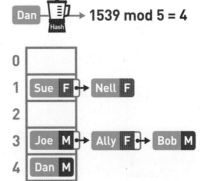

Dan이 배열의 몇 번째 상자에 저장되어 있는지 알기 위해 Dan 키의 해시값을 구한 뒤 배열의 상자 개수인 5로 mod 연산을 합니다. 결과는 4이므로 4번째 상자에 저장되어 있음을 알 수 있습니다.

23

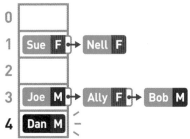

배열의 4번째 상자에 저장된 데이터의 키가 Dan 으로 일치하므로 대응하는 값을 가져옵니다. Dan 의 성별이 남성(M)임을 알 수 있습니다.

24

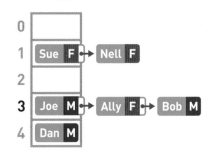

이번에는 Ally의 성별을 알아보겠습니다. Ally가 배열의 몇 번째 상자에 저장되어 있는지 알기 위해 Ally의 해시값을 구한 뒤 5로 mod 연산을 합니다. 결과는 3이 나옵니다.

25

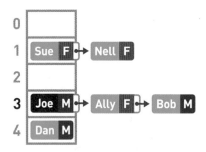

배열의 3번째 상자에 저장된 데이터의 키는 Joe입 니다. Ally가 아니기 때문에 리스트로 연결된 데이 터에 대해 선형 탐색을 진행합니다.

26

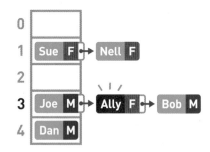

키가 Ally인 데이터를 찾았습니다. 대응하는 값을 꺼내 Ally의 성별이 여성(F)임을 알 수 있습니다.

해설

해시 테이블은 해시 함수를 사용하여 배열 내 데이터에 빠르게 접근할 수 있습니다. 그리고 해시값이 충돌할 때는 리스트를 사용하기 때문에 저장할 데이터 수가 정해져 있지 않더라도 유연하게 대응할 수 있습니다.

해시 테이블에서 사용하는 배열 크기가 너무 작으면 충돌이 많아져 선형 탐색이 많이 발생합니다. 반대로 크기가 너무 크면 데이터가 저장되지 않은 상자가 많아져 메모리 낭비로 이어집니다. 따라서 배열 크기를 적절하게 설정하는 것이 중요합니다.

🏴 보충 자료

데이터를 배열에 저장하다가 충돌이 발생하면 리스트를 사용해 기존 데이터 뒤에 연결했습니다. 이러한 방법을 **분리 연쇄법** 또는 **체이닝**(chaining)이라고 합니다.

충돌에 대한 해결 방법은 분리 연쇄법 외에도 몇 가지가 더 있습니다. 그중 많이 사용하는 것이 **개방 주소법**(open addressing)입니다. 이 방법은 충돌이 발생하면 다음 공간(배열상 위치)을 찾아 저장합니다. 다음 공간에서도 충돌하면 그다음 공간을 찾고, 이렇게 충돌하지 않을 때까지 다음 공간을 찾습니다. 이때 다음 공간을 찾는 방법에는 해시 함수를 여러 개 사용하는 방법이나 **선형 탐사**(linear probing) 등이 있습니다.

5-3절에서 해시 함수를 설명할 때 '해시값으로부터 원래의 값을 추측할 수 없다'는 조건을 명시합니다. 이는 암호화 같은 보안 용도로 사용될 때의 조건으로, 해시 테이블에서의 필수 조건은 아닙니다.

데이터를 유연하게 저장하고 빠르게 조회할 수 있는 해시 테이블은 프로그래밍 언어에서 연관 배열로 많이 사용됩니다.

No. 1-7 힙

힙은 그래프의 트리 구조 중 하나로 우선순위 큐를 구현할 때 사용됩니다(트리 구조는 4-2절을 참고하세요). **우선순위 큐**는 데이터를 자유롭게 추가할 수 있지만, 꺼낼 때는 항상 가장 작은 데이터를 꺼냅니다. 한편, 힙을 비롯한 트리 구조에서는 각 정점을 **노드**라고 부릅니다. 힙에서는 이 노드에 데이터를 저장합니다.

▶ 참고 4-1 그래프란? 4-2 너비 우선 검색

01

이 예에서는 1, 3, 6, 4, 8, 7 순으로 저장되어 있습니다.

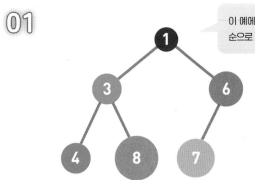

힙의 예입니다. 각 노드에 적힌 숫자가 저장된 데이터입니다. 각 노드는 자식 노드를 최대 2개 가질 수 있습니다. 또한, 트리 모양은 데이터 개수에 따라 정해집니다. 노드는 위에서부터 채워지며, 같은 층에서는 왼쪽부터 채워집니다.

02

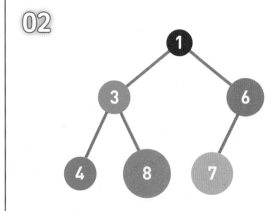

힙에서는 데이터를 저장할 때 자식 노드의 값이 반드시 부모 노드의 값보다 커야 한다는 규칙이 있습니다. 따라서 맨 위 노드는 제일 작은 값을 가지게 됩니다. 데이터를 추가할 때는 이 규칙을 지키기 위해 맨 아래층 왼쪽에 데이터를 추가합니다. 맨 아래층에 더 이상 추가할 공간이 없으면 새로운 층을 만들고, 역시 맨 왼쪽에 추가합니다. 이처럼 추가한 노드와 부모 노드를 규칙에 맞게 교체하는 작업을 반복합니다.

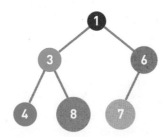

03

힙에 숫자 5를 추가해 봅시다.

04

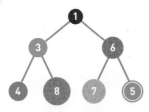

데이터를 넣을 때는 맨 아래층 왼쪽부터 추가합니다. 여기서는 맨 아래층에 빈 자리가 하나 있으므로 거기에 데이터를 추가합니다.

05

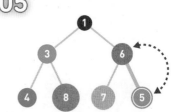

부모 노드가 자식 노드보다 더 큰 경우에는 힙의 규칙을 지키기 위해 부모와 자식을 교체합니다.

06

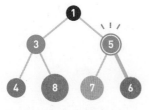

부모 6 〉 자식 5이기 때문에 교체했습니다. 이 교체 작업은 부모 노드가 자식 노드보다 작아야 한다는 규칙을 만족할 때까지 반복합니다.

07

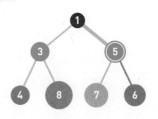

이번에는 부모 1 〈 자식 5이기 때문에 교체할 필요가 없습니다.

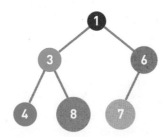

08

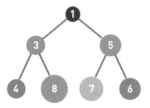

이로써 힙에 데이터를 추가하는 작업이 완료되었습니다.

09

힙에서 데이터를 꺼낼 때는 제일 위에 있는 데이터를 꺼냅니다. 제일 위에 있는 데이터가 제일 작습니다.

10

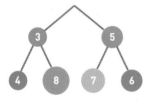

제일 위에 있는 데이터가 빠졌기 때문에 힙의 구조와 노드들을 재구성해야 합니다.

11

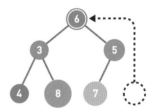

힙의 마지막에 있는 노드(여기서는 6)를 제일 위로 옮깁니다.

12

부모 노드보다 자식 노드가 작은 경우, 자식 노드의 좌우 숫자 중에서 더 작은 쪽과 교체합니다.

13

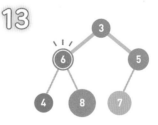

부모 6 〉 자식(오른쪽) 5 〉 자식(왼쪽) 3이기 때문에 왼쪽의 자식 노드와 부모 노드를 교체했습니다. 이 작업을 힙의 조건을 만족할 때까지 반복합니다.

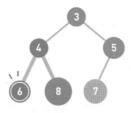

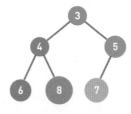

자식(오른쪽) 8 〉 부모 6 〉 자식(왼쪽) 4이므로 왼쪽
의 자식 노드와 부모 노드를 교체합니다.

이로써 숫자를 꺼내는 작업이 완료되었습니다.

해설

힙은 항상 가장 작은 데이터가 맨 위에 있기 때문에 데이터 개수와 상관없이 O(1)시간으로 최솟값
을 꺼낼 수 있습니다.

데이터를 꺼낸 뒤 힙을 재구성할 때는 맨 끝에 있는 데이터를 맨 위로 옮긴 뒤 자식 노드와 비교하
면서 밑으로 이동합니다. 따라서 이 작업의 계산 시간은 트리의 높이에 비례합니다. 데이터의 개수
가 n이라면 힙의 높이는 $\log_2 n$이므로 계산 시간은 O(log n)이 됩니다.

데이터를 추가할 때도 마찬가지입니다. 가장 끝에 데이터를 추가한 다음, 힙의 조건을 만족할 때까
지 부모 노드의 값과 비교하면서 위로 이동하기 때문에 마찬가지로 계산 시간은 트리의 높이에 비
례하는, O(log n)이 소요됩니다.

▼ 활용 사례

보관 중인 데이터의 최솟값을 빈번하게 찾아야 하는 경우에는 힙이 유용합니다. 예를 들어 4-5절
에서 배울 다익스트라 알고리즘은 매번 후보 정점들 중에서 최솟값을 선택하는데, 이때 힙을 사용
하기도 합니다. ▶ 참고 4-5 다익스트라 알고리즘

No.

1-8

이진 탐색 트리

이진 탐색 트리는 그래프의 트리 구조로 각 노드에 데이터가 저장됩니다(트리 구조는
4-2절을 참고하세요). ▶ 참고 4-1 그래프란? 4-2 너비 우선 탐색

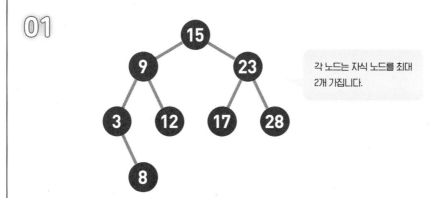

01

각 노드는 자식 노드를 최대
2개 가집니다.

이진 탐색 트리의 예입니다. 각 노드에 쓰인 숫자가 데이터입니다. 여기서는 같은 숫자는 없는 것으로 가정하
겠습니다.

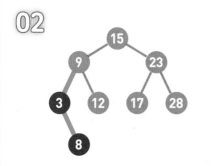

02

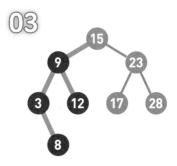

03

이진 탐색 트리에는 두 가지 특징이 있습니다. 첫
번째, 각 노드의 값은 왼쪽 가지에 있는 노드들의
값보다 큽니다. 예를 들어 노드 9는 그 왼쪽 가지
에 있는 노드들의 값보다 큽니다.

마찬가지로 노드 15는 왼쪽 가지에 있는 노드들의
값보다 큽니다.

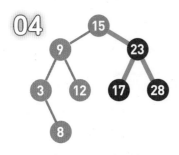

04

두 번째, 각 노드의 값은 오른쪽 가지에 있는 노드들의 값보다 작습니다. 예를 들어 노드 15는 오른쪽 가지에 있는 노드들의 값보다 작습니다.

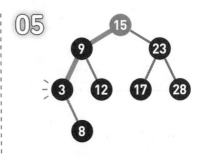

05

이 두 가지 특징을 통해 다음 조건이 성립합니다. 먼저 이진 탐색 트리의 최솟값은 제일 위에 있는 노드에서 왼쪽 트리만 탐색하면 찾을 수 있습니다. 여기서 최솟값은 3입니다.

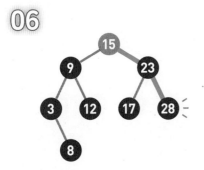

06

반대로, 최댓값은 제일 위에 있는 노드에서 오른쪽 트리만 탐색하면 찾을 수 있습니다. 여기서 최댓값은 28입니다.

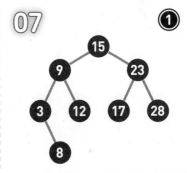

07 ①

이진 탐색 트리에 값을 추가하는 과정을 살펴봅시다. 1을 추가해 보겠습니다.

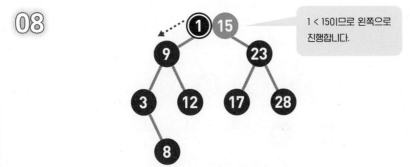

08

> 1 < 15이므로 왼쪽으로 진행합니다.

이진 탐색 트리의 최상위 노드에서부터 노드를 추가할 위치를 찾기 시작합니다. 추가하려는 값인 1과 현재 노드의 값을 비교하여 작으면 왼쪽으로, 크면 오른쪽으로 진행합니다.

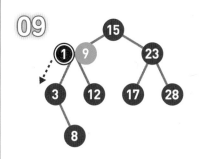

1 〈 9이므로 왼쪽으로 진행합니다.

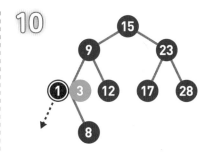

1 〈 3이므로 왼쪽으로 진행합니다. 하지만 더 이상 노드가 없기 때문에 이곳에 새로운 노드를 추가합니다.

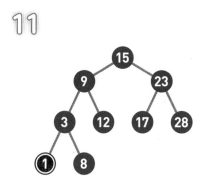

이로써 1을 추가했습니다.

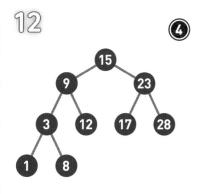

이번에는 4를 추가해 봅시다.

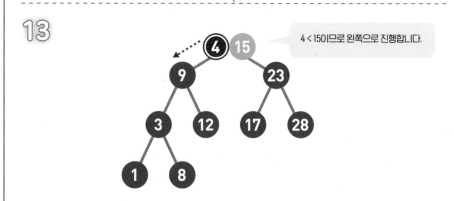

4 〈 15이므로 왼쪽으로 진행합니다.

마찬가지로 노드를 추가할 장소를 찾습니다. 최상위 노드부터 검토합니다.

14

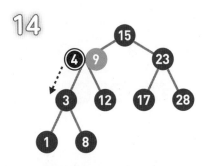

4 〈 9이므로 왼쪽으로 진행합니다.

15

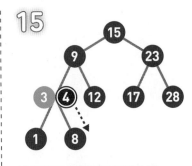

4 〉 3이므로 오른쪽으로 진행합니다.

16

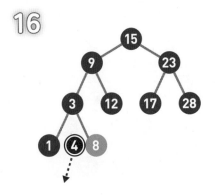

4 〈 8이므로 왼쪽으로 진행합니다. 더 이상 노드가 없으므로 이곳에 새로운 노드를 추가합니다.

17

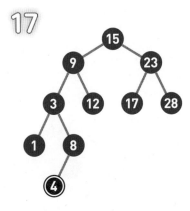

이로써 4를 추가했습니다.

18

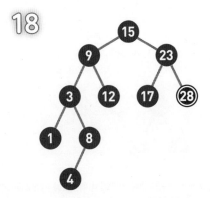

이번에는 이진 탐색 트리에서 노드를 삭제하는 과정을 살펴봅시다. 28을 삭제해 보겠습니다.

19

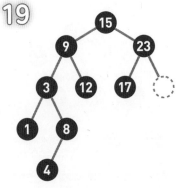

자식 노드가 없는 경우에는 해당 노드만 삭제하면 됩니다.

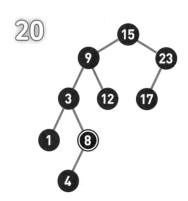

이번에는 8을 삭제해 보겠습니다.

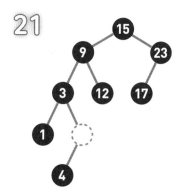

자식 노드가 하나인 노드를 삭제할 때는, 먼저 해당 노드를 삭제한 뒤…

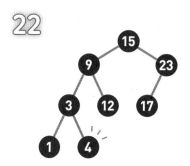

삭제한 노드의 위치에 자식 노드를 옮기면 됩니다.

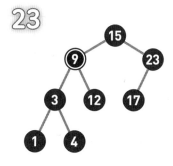

마지막으로 9를 삭제해 보겠습니다.

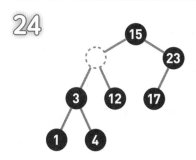

자식 노드가 두 개인 노드를 삭제할 때는, 먼저 해당 노드를 삭제한 뒤…

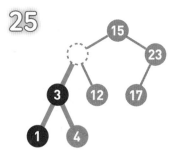

삭제한 노드의 왼쪽 가지에서 최댓값을 가진 노드를 찾은 뒤…

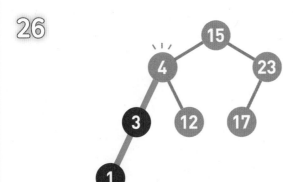

26

삭제한 노드의 위치로 옮깁니다. 그러면 이진 탐색 트리의 두 가지 조건을 만족하면서 노드를 삭제할 수 있습니다. 이동하게 된 노드(여기서는 4)에 자식 노드가 있는 경우에는 같은 작업을 재귀적으로 반복해야 합니다 (재귀 알고리즘은 8–6절에서 다룹니다).　　　　　　　　　　　▶ 참고 8–6 하노이의 탑

27

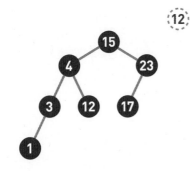

이번에는 이진 탐색 트리에서 값을 찾는 과정에 대해 알아봅시다. 12라는 값을 찾아보겠습니다.

28

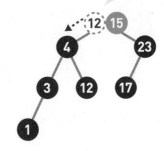

12 < 15이므로 왼쪽으로 진행합니다.

최상위 노드부터 찾기 시작합니다. 추가할 때와 마찬가지로 12를 현재 노드와 비교하여 작으면 왼쪽으로, 크면 오른쪽으로 진행합니다.

원 포인트　9를 삭제할 때 이동 대상으로 '왼쪽 가지의 최대 노드'를 사용했지만, 반대로 '오른쪽 가지의 최소 노드'를 사용해도 됩니다.

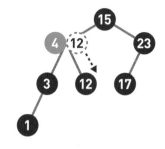

29

12 > 4이므로 오른쪽으로 진행합니다.

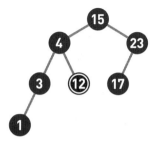

30

12를 발견했습니다.

해설

이진 탐색 트리는 3-2절에서 살펴볼 이진 탐색의 개념을 트리 구조에 적용한 것으로 볼 수 있습니다. 데이터를 찾거나 추가할 때, 현재 위치의 데이터와 크기를 비교하여 왼쪽 혹은 오른쪽으로 진행하면서 노드의 위치를 찾습니다.

비교 연산은 트리의 높이만큼 수행하게 됩니다. 따라서 노드 n개가 균형 있게 배치되어 있다면 최대 $\log_2 n$번 비교하므로, 계산 시간은 $O(\log n)$이 됩니다. 다만 트리가 한쪽으로 치우쳐져 세로로 늘어선 모양이 되면 높이가 높아지므로, 계산 시간은 $O(n)$이 됩니다.

보충자료

이진 탐색 트리를 확장한 데이터 구조도 여럿 있습니다. 예를 들어 트리가 한쪽으로 치우치면 형태를 수정하여 항상 균형을 유지하는 것도 있습니다. 이렇게 검색 효율을 높인 것을 **균형 이진 탐색 트리**라고 합니다.

또한, 앞서 설명한 이진 탐색 트리의 경우 각 노드의 자식 노드가 최대 두 개였는데, 이를 m개(m은 미리 정해 둔 상수)로 확장하고 자식 노드 수에 자유도를 부여하여 트리의 균형을 맞춘 **B 트리**라는 것도 있습니다.

제 2 장

정렬

No. 2-1 정렬이란?

숫자를 작은 순으로 나열하기

모의고사를 치른 중학교 3학년 학생 10,000명의 성적 데이터가 있습니다.

이름	국어	수학	과학	사회	영어	합계
김석중	84	43	66	77	72	342
박진욱	87	64	88	91	65	395
서혜주	49	48	71	67	78	313
...	...	...	...	...	...	...

수험생의 종합 순위나 과목별 석차를 매기기 위해서는 합계 점수나 과목 점수가 높은 순으로 나열해야 합니다.

또한, 메일 프로그램에 쌓인 이메일을 생각해 볼까요?

▼보낸 사람	▼제목	▼수신 시간
김천득	다음 미팅에 대해	2024/5/1 10:05
김상진	일정 확인	2024/4/30 18:01
이서진	어제 일에 대한 감사 인사	2024/4/30 9:39
장명재	주문한 상품에 대해	2024/4/29 11:45
이대원	Re: 알고리즘 질문	2024/4/25 13:22
추성훈	협력 요청	2024/4/24 12:57
장명재	새로운 주류 상품이 입하되었습니다	2024/4/21 16:10
문효준	세미나 공지	2024/4/20 15:02

예를 들어 '수신 시간'을 클릭하면 '수신 시간'이 빠른 순으로 메일이 정렬되고, '보낸 사람'을 클릭하면 '보낸 사람'이 가나다순으로 정렬됩니다. 이는 메일 프로그램이 '수신 시간'이나 '보낸 사람'을 숫자로 여기고 작은 순으로 정렬해 주는 것입니다.

이처럼 숫자를 작은 순서(혹은 큰 순서)로 나열하고 싶은 다양한 경우를 생각해 볼 수 있습니다. 여기서 활약하는 것이 정렬 알고리즘입니다.

정렬이란?

정렬이란 입력으로 주어진 숫자를 작은 순으로 나열하는 것을 말합니다. 영어로는 소트(sort)라고 합니다. 여기서는 각 숫자를 막대로 표현하고 숫자 크기를 막대 높이로 표현하겠습니다.

위 입력이 주어진 경우, 다음과 같이 왼쪽부터 작은 순서대로 나열하는 것이 목표입니다.

숫자가 10개 정도라면 사람이 수작업으로 간단히 정렬할 수 있지만, 데이터 수가 10,000개 이상이면 무척 힘들 것입니다. 이런 경우에는 효율이 좋은 알고리즘을 사용하는 것이 중요합니다.

다양한 정렬 알고리즘

정렬은 기본적인 문제이기 때문에 다양한 알고리즘이 고안되었습니다. 이 장에서 앞으로 절마다 하나씩 알고리즘을 살펴보겠습니다. 설명할 때는 입력으로 주어지는 숫자의 개수를 n이라고 가정합니다. 쉽게 설명하기 위해 중복이 없는 숫자를 예시로 사용하지만, 중복이 있어도 알고리즘은 올바르게 동작합니다.

No.

2-2 버블 정렬

버블 정렬은 '오른쪽에서 시작하여 왼쪽 방향으로 인접한 두 숫자를 비교하여 교체'하는 작업을 반복합니다. 오른쪽에서 왼쪽으로 숫자가 이동해 가는 모습이 물속에서 공기가 떠오르는 것과 비슷하다고 하여 붙은 이름입니다.

01

이 경우 7과 6을 비교합니다.

수열의 오른쪽 끝에 저울을 두고 저울의 좌우 숫자를 비교합니다. 비교한 결과, 오른쪽 숫자가 더 작으면 왼쪽과 바꿉니다.

02

7 〉 6이므로 좌우 숫자를 교체합니다.

03

비교를 완료했으면 저울을 한 칸 왼쪽으로 옮겨서 같은 방법으로 숫자를 비교합니다. 이번에는 4 〈 6 이므로 숫자를 교체하지 않습니다.

04

8 > 4이므로 교체

저울을 한 칸 왼쪽으로 옮깁니다. 저울이 왼쪽 끝에 도착할 때까지 같은 작업을 반복합니다.

05

이것으로 1라운드가 끝났습니다.

교체를 반복하면서 저울이 왼쪽 끝에 도착했습니다. 일련의 작업으로 수열 중에서 가장 작은 숫자가 왼쪽 끝으로 이동했습니다.

06

왼쪽 끝의 숫자는 정렬이 끝난 것으로 간주하고…

07

저울을 오른쪽 끝으로 다시 옮깁니다. 왼쪽 끝에서 두 번째 위치에 저울이 도착할 때까지 이전과 동일한 작업을 반복합니다.

08

이것으로 2라운드가 끝났습니다.

저울이 왼쪽 끝에서 두 번째 위치에 도착했습니다. 수열에서 두 번째로 작은 숫자가 두 번째 위치로 이동했습니다.

09

저울을 다시 오른쪽 끝으로 옮깁니다. 모든 숫자가 정렬될 때까지 같은 작업을 반복합니다.

10

9 > 6이므로 교체

정렬 중…

11

9 > 8이므로 교체

정렬 중…

12

정렬을 완료했습니다.

버블 정렬은 1라운드에서 n-1회, 2라운드에서 n-2회, …, n-1라운드에서 1회 비교합니다. 따라서 비교 횟수는 (n-1) + (n-2) + … + 1 ~= n^2 / 2입니다. 이 비교 횟수는 입력 데이터의 순서와 상관없이 일정합니다.

숫자의 교체 횟수는 입력 데이터에 따라 달라집니다. 극단적인 경우, 입력 데이터가 우연히 작은 순서대로 나열되어 있다면 한 번도 교체하지 않습니다. 반대로, 숫자가 큰 순서대로 나열된 경우에는 비교할 때마다 교체해야 합니다. 따라서 버블 정렬의 계산 시간은 $O(n^2)$입니다.

No. 2-3 선택 정렬

선택 정렬은 '수열에서 최솟값을 찾아서 가장 왼쪽의 숫자와 교체'하는 작업을 반복하여 정렬합니다. 수열에서 최솟값을 찾을 때는 선형 탐색을 사용합니다.

▶ 참고 3-1 선형 탐색

01

여기서는 1부터 9까지의 숫자를 정렬해 보겠습니다.

02

최솟값

수열을 선형 탐색하여 최솟값을 찾습니다. 최솟값 1이 발견되었습니다. ▶ 참고 3-1 선형 탐색

03

1라운드를 종료합니다.

최솟값 1을 가장 왼쪽에 있는 6과 교체하여 1의 정렬을 마칩니다. 참고로, 최솟값이 이미 왼쪽 끝에 있으면 아무런 작업을 하지 않습니다.

04

남은 숫자를 선형 탐색하여 최솟값을 찾습니다. 이
번에는 최솟값 2를 발견했습니다.

05

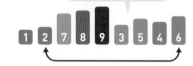

2라운드를 종료합니다.

2를 왼쪽에서 두 번째에 있는 6과 교체하여 1과 2
의 정렬을 마칩니다.

06

최솟값

모든 숫자가 정렬을 마칠 때까지 같은 작업을 반복
합니다.

07

정렬을 완료했습니다.

해설

선택 정렬은 선형 탐색을 위해 1라운드에서 n-1회, 2라운드에서 n-2회, …, n-1라운드에서 1회 비
교합니다. 따라서 비교 횟수는 버블 정렬과 같은 (n-1) + (n-2) + … + 1 ~= n^2 / 2입니다.

또한, 숫자 교체는 각 라운드에서 최대 1회(0회 혹은 1회)입니다. 입력 데이터가 이미 작은 순으로
나열되어 있다면 교체는 한 번도 발생하지 않습니다. 선택 정렬의 계산 시간은 버블 정렬과 같은
$O(n^2)$입니다.

No.
2-4 삽입 정렬

삽입 정렬은 수열의 왼쪽부터 순서대로 정렬합니다. 알고리즘의 진행에 따라 왼쪽에는 숫자가 점차 정렬되고, 오른쪽에는 아직 확인하지 않은 숫자가 남습니다. 오른쪽의 미탐색 영역에서 숫자를 하나씩 꺼내서 정렬이 끝난 영역의 적절한 위치에 삽입해 나가며 정렬을 완성합니다.

01

여기에서도 1부터 9까지의 숫자를 정렬해 보겠습니다.

- -

02

간단하지만
이것으로 1라운드를 종료합니다.

처음에는 왼쪽 끝의 숫자(5)를 정렬이 끝난 것으로 간주하고 넘어갑니다. 그러면 5만 정렬된 상태입니다.

03

이어서 아직 정렬하지 않은 미탐색 영역에서 가장 왼쪽에 있는 숫자 3을 꺼내서 정렬이 완료된 영역의 숫자
와 차례로 비교합니다. 왼쪽의 숫자가 크면 두 숫자를 바꿉니다. 이 작업을 자신보다 작은 숫자가 나타나거나
왼쪽 끝에 도착할 때까지 반복합니다.

04

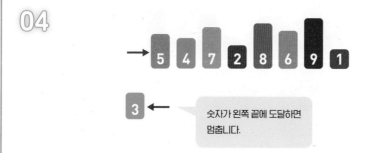

숫자가 왼쪽 끝에 도달하면
멈춥니다.

여기서는 5 > 3이므로 숫자를 바꿉니다.

05

이것으로 2라운드를 종료합니다.

숫자 3의 정렬을 마칩니다. 3과 5는 정렬된 상태이고, 오른쪽의 숫자 7개는 미탐색 영역입니다.

이어서 3라운드입니다. 마찬가지로 미탐색 영역의 가장 왼쪽에 있는 숫자(4)를 꺼내서 정렬된 왼쪽의 숫자들과 비교합니다.

5 〉 4이므로 숫자를 바꿉니다. 다시 그 왼쪽의 숫자와 비교했을 때 3 〈 4로 더 작은 숫자를 만났기 때문에 여기서 멈춥니다.

숫자 4에 대한 정렬을 마칩니다. 3, 4, 5가 정렬된 상태로 정렬 완료 영역이 넓어졌습니다.

이번에는 7을 정렬하는데 왼쪽에 7보다 큰 숫자가 없습니다.

10

이것으로 4라운드를 종료합니다.

따라서 아무 변경 없이 7에 대한 정렬을 마칩니다.

11

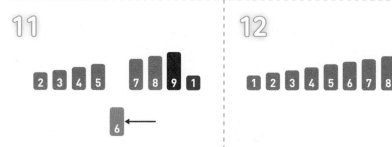

모든 숫자가 정렬될 때까지 같은 작업을 반복합니다.

12

모든 숫자의 작업이 끝나면 정렬이 완료됩니다.

해설

삽입 정렬은 각 라운드에서 미탐색 영역의 첫 번째 숫자를 그 왼쪽의 숫자와 비교합니다. 앞에서 본 것처럼 만약 왼쪽에 있는 숫자가 더 작다면 더 이상 비교하지 않고 라운드를 종료합니다. 아무 것도 교체하지 않습니다.

하지만 꺼낸 숫자가 정렬이 완료된 영역의 모든 숫자보다 작을 때는 그 숫자가 가장 왼쪽에 도착할 때까지 비교하고 교체합니다. 구체적으로 k라운드에서 k-1회 작업이 발생합니다. 따라서 최악의 경우 2라운드에서 1회, 3라운드에서 2회, …, n라운드에서 n-1회 비교와 교체가 발생하므로, 계산 시간은 버블 정렬이나 선택 정렬과 똑같이 O(n²)입니다. 여기서 최악의 경우란 지난 절과 마찬가지 로 입력이 역순, 즉 큰 순으로 정렬된 경우입니다.

No.

2-5 힙 정렬

힙 정렬은 힙이라는 데이터 구조를 사용하는 것이 특징입니다. 힙에 대해서는 1-7절에서 자세히 다뤘습니다. ▶ 참고 1-7 힙

01

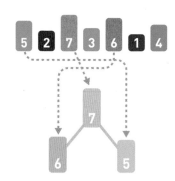

먼저 힙에 모든 숫자를 삽입합니다. 힙은 내림차순이 되도록 구성합니다.

02

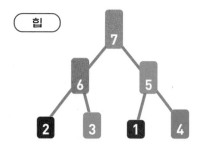

힙에 모든 숫자를 삽입했습니다. 힙에 저장된 숫자를 하나씩 꺼내 정렬합니다.

내림차순 힙은 큰 값부터 순서대로 데이터를 꺼내는 성질이 있기 때문에 꺼낸 숫자를
역순으로 나열하면 정렬이 완료됩니다.

03

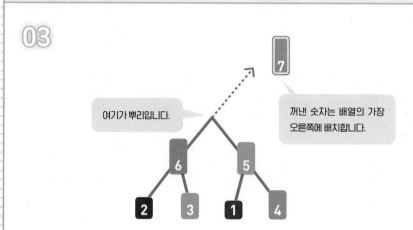

여기가 뿌리입니다.

꺼낸 숫자는 배열의 가장
오른쪽에 배치합니다.

정렬을 시작합니다. 먼저 뿌리(root)에 있는 숫자(7)를 꺼내고…

04

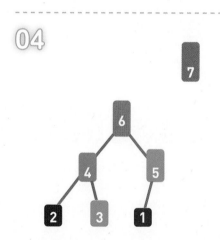

힙을 재구축합니다. 재구축 규칙은 1-7절을 참고
하세요.　　　　　　　　　▶ 참고 1-7 힙

05

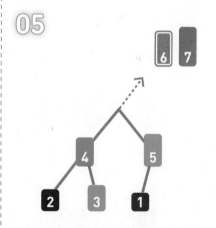

다시 뿌리에 있는 숫자(6)를 꺼내서 오른쪽에서 두
번째 칸에 두고…

06

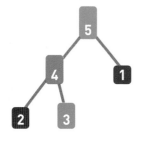

힙을 재구축합니다.

07

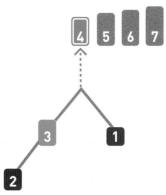

이후 힙의 모든 데이터를 꺼낼 때까지 같은 작업을
반복합니다.

08

정렬 중…

09

1 2 3 4 5 6 7

모든 숫자를 힙에서 꺼내면 정렬이 완료됩니다.

힙 정렬 초기에 n개 숫자를 힙에 삽입할 때 걸리는 시간은 O(n log n)입니다. 이는 빈 상태에서 하나씩 데이터를 추가하면 되는데 힙의 높이는 $\log_2 n$ 이하이므로 한 개 숫자를 추가하는 데 O(log n)이 소요되기 때문입니다.

그리고 각 라운드에서 최댓값을 추출한 뒤 힙을 재구축하는 데 걸리는 시간은 O(log n)입니다. 라운드 수는 n이므로 힙이 만들어진 뒤 정렬하는 계산 시간도 O(n log n)입니다. 따라서 힙 정렬의 전체 계산 시간은 O(n log n)입니다.

앞서 본 버블 정렬, 선택 정렬, 삽입 정렬의 $O(n^2)$에 비해 속도가 빠릅니다. 단, 힙이라는 복잡한 데이터 구조를 사용하기 때문에 구현도 복잡합니다.

보충 자료

일반적으로 정렬할 수열은 배열로 주어집니다. 여기서는 이 배열과 별도로 힙이라는 데이터 구조를 사용했지만, 보통은 수열이 담긴 배열 자체에 힙을 끼워 넣어 배열상에서 숫자를 교체하며 정렬합니다. 구체적으로는 힙의 각 요소(노드)와 배열 간에 다음과 같은 대응 관계를 만듭니다. 보다시피 배열 안에 힙을 억지로 구겨 넣은 것과 같은 모습입니다.

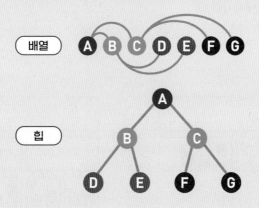

No.
2-6   병합 정렬

병합 정렬은 정렬할 수열을 거의 같은 길이의 수열 두 개로 분할합니다. 더 이상 분할할 수 없게 되면(즉, 각 그룹의 숫자가 한 개가 되면) 그룹끼리 통합하기 시작합니다. 통합할 때는 정렬된 수열 두 개를 통합하여 하나로 정렬합니다. 이러한 과정을 정렬된 수열이 하나가 될 때까지 반복합니다.

01

먼저 수열을 반으로 분할해 나갑니다.

02

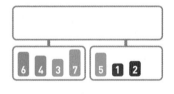

먼저 두 개로 분할하고…

03

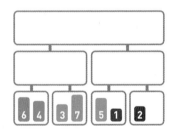

다시 분할하여…

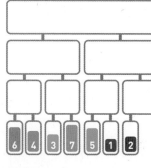

합체할 때는 합체 후
그룹 안 숫자가 작은
순으로 나열되도록
합체합니다.

분할이 완료되었습니다. 이제 분할된 그룹을 합체합니다.

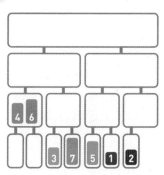

6과 4가 합쳐져서 [4, 6]으로 정렬됩니다.

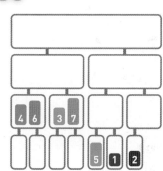

3과 7이 합쳐져서 [3, 7]로 정렬됩니다.

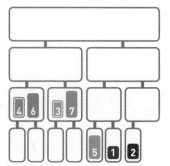

이 경우, 앞에 있는
4와 3을 비교합니다.

이제 [4, 6]과 [3, 7]을 합치는 방법을 알아보겠습니다. 이처럼 둘 이상의 숫자를 포함한 그룹을 통합할 때는
앞에 있는 숫자를 비교하여 작은 쪽의 숫자를 이동합니다.

08

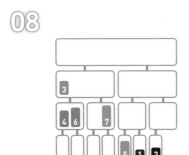

4 〉 3이므로 3을 이동합니다.

09

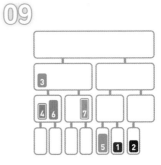

마찬가지로 두 그룹에 남은 숫자 중 앞에 있는 두 수를 비교하여…

10

4 〈 7이므로 4를 이동합니다.

11

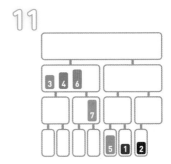

6 〈 7이므로 6을 이동합니다.

12

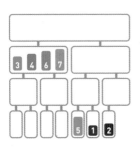

나머지 7을 이동합니다.

13

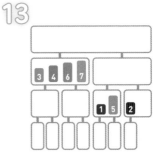

그룹 간 통합은 모든 수가 하나의 그룹이 될 때까지 재귀적으로 진행합니다(재귀에 대해서는 2-7절의 보충을 참고하세요). ▶ 참고 2-7 퀵 정렬

14

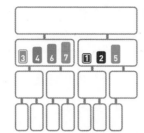

여기서도 맨 앞의 두 수를 비교합니다.

15

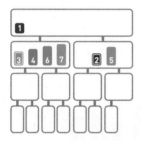

3 〉1이므로 1을 이동합니다. 이를 계속하면…

16

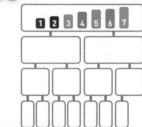

합체가 완료되고 모든 수가 정렬됩니다.

해설

병합 정렬에서 숫자를 분할하는 작업의 계산 시간은 없습니다(처음부터 분할되어 있다고 생각해도 됩니다). 정렬된 두 수열을 병합하는 부분은 앞에 있는 수를 비교하여 작은 숫자를 위로 옮기는 작업을 반복하기 때문에 두 수열의 길이에 비례합니다. 따라서 하나의 층을 병합하는 계산 시간은 그 층에 있는 숫자의 수를 따릅니다.

그림을 보면 알겠지만, 어떤 층을 봐도 숫자는 n개이므로 각 층의 계산 시간은 $O(n)$입니다. n개 숫자가 하나가 될 때까지 절반씩 분할해 나가면 $\log_2 n$층이므로 전체 계산 시간은 $O(n \log n)$입니다. 이는 앞 절의 힙 정렬과 같습니다.

No.
2-7 　　퀵 정렬

퀵 정렬은 기준이 되는 수(피봇(pivot)이라고 함)를 수열 안에서 임의로 하나 선택합니다. 그리고 피봇 이외의 수를 '피봇보다 작은 수'와 '피봇보다 큰 수'의 두 그룹으로 나누고, 이것을 다음과 같이 배치합니다.

[피봇보다 작은 수] 〈 피봇 〈 [피봇보다 큰 수]

이제 각 [ ] 안을 정렬하면 전체가 정렬됩니다. [ ] 안을 정렬할 때도 다시 퀵 정렬을 사용합니다.

01

퀵 정렬을 실행하는 모습을 살펴보겠습니다.

- -

02

피봇

기준이 되는 수(피봇)를 수열 안에서 임의로 하나 선택합니다. 여기서는 4를 선택했습니다.

03

피봇 이외의 각 숫자를 피봇과 비교합니다. 피봇보다 작은 숫자는 왼쪽, 큰 숫자는 오른쪽으로 이동합니다.

04

먼저 3과 피봇인 4를 비교합니다.

05

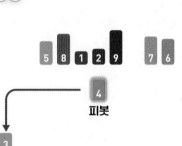

3 〈 4이므로 3은 왼쪽으로 이동합니다.

06

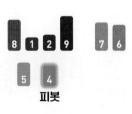

다음은 5와 피봇인 4를 비교합니다.

07

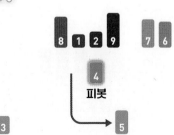

5 〉 4이므로 5는 오른쪽으로 이동합니다.

08

다른 숫자도 같은 방식으로 비교해서 이동시키면 이와 같은 결과를 얻습니다.

09

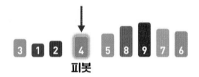

피봇인 4를 배치합니다. 이제 4의 왼쪽에는 4보다 작은 숫자가, 오른쪽에는 4보다 큰 숫자가 배치되었습니다.

10

따라서 4의 왼쪽과 오른쪽을 각각 정렬하면 전체 정렬이 완료됩니다.

11

왼쪽과 오른쪽도 같은 방식으로 정렬합니다. 먼저, 오른쪽 그룹을 살펴봅시다.

12

피봇을 하나 선택합니다. 여기서는 6을 선택했습니다.

13

피봇인 6과 각 숫자를 비교해서 작으면 왼쪽, 크면 오른쪽으로 이동합니다.

14

비교와 이동을 완료했습니다.

15

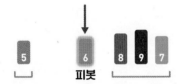

다시 피봇의 좌우를 각각 정렬하면 이 부분의 정렬이 완료됩니다. 이때 왼쪽에는 5만 있으므로 정렬이 끝난 상태로 볼 수 있습니다. 오른쪽은 같은 방법으로 피봇을 선택해서 정렬합니다.

16

8을 피봇으로 선택했습니다.

17

9와 7을 8과 비교하여 좌우에 배치합니다. 8의 양 옆으로 숫자가 하나만 있기 때문에 7, 8, 9의 정렬이 완료된 상태입니다.

18

한 단계 위로 돌아가면 7, 8, 9가 정렬되었으므로
5, 6, 7, 8, 9가 정렬이 완료된 상태입니다.

19

피봇

그 결과 첫 피봇인 4의 오른쪽은 정렬이 완료됩
니다.

20

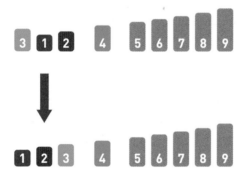

왼쪽도 같은 방식으로 정렬하면 전체 정렬이 완료됩니다.

보충 자료

퀵 정렬은 **분할정복법**(divide-and-conquer)에 해당합니다. 원래 문제를 두 자식 문제(피봇보다 작은 것과 피봇보다 큰 것)로 분할하고, 두 자식 문제를 각각 해결합니다. 각각의 자식 문제를 정렬한 뒤, 앞에서 설명한 것처럼 각각을 단순히 붙이기만 하면(병합) 원래 수열을 정렬한 결과를 얻을 수 있습니다.

자식 문제를 해결하는 부분에서도 다시 퀵 정렬을 사용합니다. 즉, 퀵 정렬 안에서 다시 퀵 정렬을 사용합니다. 자식 문제가 하나의 숫자만 남으면 정렬이 종료됩니다.

이처럼 알고리즘 내부에서 알고리즘 자신을 사용하는 것을 **재귀**라고 합니다. 재귀에 대해서는 8-6절에서도 설명합니다. 사실은 이전 절에서 살펴본 병합 정렬도 재귀를 사용한 분할정복법이라고 볼 수 있습니다.   ▶ 참고 8-6 하노이의 탑

해설

자식 문제를 만들기 위해 피봇을 선택할 때 두 자식 문제를 원래 문제의 반이 되도록 매번 피봇을 선택하면 퀵 정렬의 계산 시간은 병합 정렬과 마찬가지로 $O(n \log n)$입니다. 이는 병합 정렬의 경우와 마찬가지로 자식 문제의 크기를 절반으로 만드는 과정을 $\log_2 n$회 반복하면 숫자 하나로 구성된 자식 문제가 되어 정렬된 상태가 되기 때문입니다. 따라서 피봇에 의해 숫자를 분할하는 모습을 다음 그림과 같이 한 단계씩 그려 보면 전체적으로 $\log_2 n$층이 됩니다.

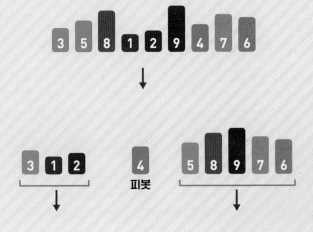

◐ 계속

그리고 각 층에 있는 각 숫자는 피봇과 한 번만 비교하므로 각 층에서의 계산 시간은 O(n)입니다.
따라서 전체 계산 시간은 O(n log n)입니다.

한편, 운이 나빠 매번 최솟값을 피봇으로 선택하면 매회 모든 숫자가 피봇의 오른쪽으로 이동하기
때문에 재귀가 n층이 되어, 계산 시간이 O(n²)이 되고 맙니다. 이는 매번 최솟값을 맨 앞에 꺼내는
선택 정렬과 똑같은 셈입니다. 참고로 피봇을 대상 숫자 안에서 동등한 확률로 선택하면 평균적으
로 O(n log n)의 계산 시간이 걸리는 것으로 알려져 있습니다.

제 3 장

배열 탐색

NO.
3-1

선형 탐색

선형 탐색은 배열에서 데이터를 찾는 알고리즘입니다. 3-2절에서 설명하는 이진 탐색과 달리 데이터가 순서 없이 뒤죽박죽 나열된 경우에도 적용할 수 있습니다. 찾는 방식은 단순히 배열 앞쪽부터 순서대로 데이터를 조사합니다. 데이터는 어떤 종류여도 상관없지만 여기서는 설명하기 쉽도록 정수라고 가정하겠습니다.

▶ 참고 1-3 배열

01

여기서는 숫자 6을 찾아봅시다.

- -

02

먼저 배열의 제일 왼쪽에 있는 숫자를 확인합니다. 6과 비교하여 일치하면 탐색을 종료합니다. 일치하지 않으면 오른쪽 옆에 있는 숫자를 확인합니다.

03

여기에서는 일치하지 않기 때문에 오른쪽 옆에 있는 숫자를 확인합니다.

04

6을 찾을 때까지 비교를 반복합니다.

05

6을 찾으면 탐색을 종료합니다.

선형 탐색은 데이터의 처음부터 순서대로 비교를 반복합니다. 따라서 데이터가 많고 찾는 데이터가 배열의 끝에 있거나 없는 경우에는 비교 횟수가 많아져서 시간이 오래 걸립니다. 데이터 수가 n이라면 계산 시간은 O(n)입니다.

No.
3-2

이진 탐색

이진 탐색은 배열에서 데이터를 찾는 알고리즘입니다. 3-1절에서 설명한 선형 탐색과 달리 데이터가 정렬된 경우에만 적용할 수 있습니다. 찾으려는 데이터와 배열의 정중앙 데이터를 비교하면 중앙 기준으로 왼쪽에 있는지 오른쪽에 있는지 알 수 있습니다. 따라서 한 번 비교하여 검색해야 할 범위를 절반으로 줄일 수 있습니다. 데이터를 찾거나 데이터가 없다는 것이 확실해질 때까지 이 방법을 반복합니다.

01

여기서도 숫자 6을 찾아봅시다.

02

먼저 배열 정중앙에 있는 숫자를 확인합니다. 여기서는 5입니다.

03

5 < 6이므로 6은 5보다 오른쪽에 있다는 걸 알 수 있습니다.

5와 찾는 숫자인 6을 비교합니다.

04

더 이상 필요하지 않은 숫자는 후보에서 제외합니다.

05

남은 배열의 정중앙에 있는 숫자를 확인합니다. 여기서는 7입니다.

06

6 < 7이므로 6은 7보다 왼쪽에 있다는 걸 알 수 있습니다.

7과 6을 비교합니다.

07

더 이상 필요하지 않은 숫자는 후보에서 제외합니다.

08

남은 배열의 정중앙에 있는 숫자를 확인합니다. 여기서는 6입니다.

09

6 = 6으로 찾으려던 숫자를 발견했습니다.

이진 탐색은 배열이 정렬된 것을 이용하여 탐색 범위를 매번 절반씩 줄여 나갑니다. 그리고 탐색 범위의 데이터가 1개가 되었을 때 탐색을 종료합니다.

n개 있던 데이터를 절반씩 줄이는 조작을 $\log_2 n$번 반복하면, 데이터는 1개가 됩니다. 즉, 이진 탐색에서는 '배열의 정중앙에 있는 수와 비교하여 탐색 범위를 절반으로 줄이는' 작업을 $\log_2 n$회 반복하면 데이터를 찾을 수 있습니다(찾지 못한 경우에는 데이터가 없다고 결론 내릴 수 있습니다). 따라서 계산 시간은 $O(\log n)$입니다.

보충 자료

이진 탐색의 계산 시간 $O(\log n)$은 선형 탐색 $O(n)$에 비해 지수적으로 빠릅니다($x = \log_2 n$은 곧 $n = 2^x$입니다).

하지만 이진 탐색을 사용하려면 데이터가 정렬되어 있어야 합니다. 따라서 데이터를 언제나 적절한 위치에 추가하고, 정렬을 유지하기 위한 계산 비용이 발생합니다.

한편 선형 탐색은 데이터가 임의로 뒤죽박죽 나열되어 있어도 무방합니다. 신경 쓰지 않고 데이터를 단순히 마지막에 추가하면 되기 때문에 계산 비용이 들지 않습니다.

어떤 탐색을 사용할지는 탐색과 추가 중 어떤 작업을 더 빈번하게 수행하는지를 고려하여 결정하면 됩니다.

제 4 장

그래프

그래프란?

이산수학에서의 그래프

그래프라고 하면 원 그래프나 막대 그래프, 혹은 수학의 y=f(x) 그래프를 떠올리는 사람이 많을 것입니다. 하지만 컴퓨터 과학이나 이산수학에서 사용하는 그래프란 다음과 같은 것을 말합니다.

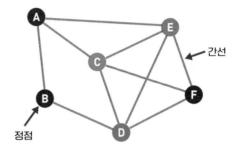

원으로 그려진 것을 **정점**(혹은 **노드**)이라고 합니다. 그리고 정점과 정점을 이은 선분을 **간선**이라고 합니다. 즉, **그래프**란 몇 개의 정점이 간선으로 연결되어 있는 것을 말합니다.

다양한 것을 표현할 수 있는 그래프

그래프를 사용하면 세상의 다양한 것들을 표현할 수 있어 매우 편리합니다. 예를 들어 파티가 열린다고 가정해 봅시다. 파티 참가자를 각 정점으로 하고, 서로 아는 두 사람을 간선으로 연결하면 참가자 간 지인 관계를 표현하는 그래프가 됩니다.

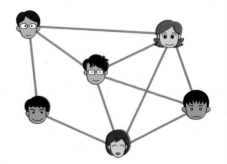

또 다른 예로 지하철역을 정점으로 하고, 이웃하는 두 역을 간선으로 연결하면 노선도를 표현하는 그래프를 만들 수 있습니다.

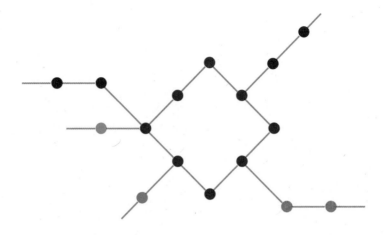

또 컴퓨터 네트워크에서 라우터를 정점으로 하고, 링크로 연결된 두 라우터를 간선으로 연결하면 네트워크의 접속 관계를 표현하는 그래프가 됩니다.

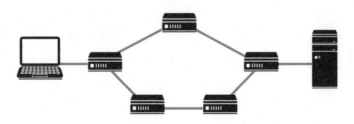

가중 그래프

지금까지 살펴본 그래프는 정점과 간선으로만 구성되어 있지만, 간선에 값이 붙어 있는 그래프도 있습니다.

간선에 할당된 값을 간선의 **무게**나 **비용**이라고 부르며, 이러한 그래프를 **가중 그래프**라고 합니다. 간선에 비용이 없으면 정점 간 연결 여부만 표현할 수 있지만, 비용이 있으면 연결의 강도를 표현하는 것이 가능합니다.

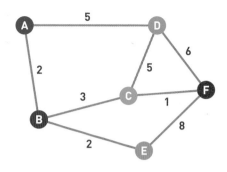

이 연결의 강도가 무엇을 의미하는지는 그래프가 표현하는 내용에 따라 달라집니다. 예를 들어 노선도의 경우 두 역 사이 이동 시간을 간선의 비용으로 하면 이동 시간을 표현하는 그래프가 되고, 두 역 사이 운임을 간선의 비용으로 하면 이동에 드는 운임을 표현하는 그래프가 됩니다. 간선이 아니라 정점에 비용을 설정하는 경우도 있지만 이 책에서는 다루지 않습니다.

방향성 그래프

간선에 방향을 부여하기도 합니다. 이러한 그래프를 **방향 그래프**라고 합니다. 웹 페이지의 링크도 방향성이 있기 때문에 방향 그래프로 표현하면 편리합니다. 이와 반대로 간선에 방향이 없는 경우를 **무방향 그래프**라고 합니다.

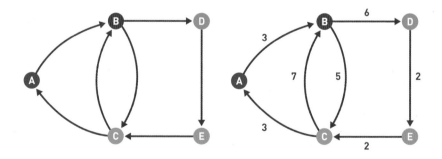

왼쪽 그래프를 보면 정점 A에서 B로 이동할 수 있지만, B에서 A로 (직접) 이동할 수는 없습니다. B와 C 사이에는 양방향 간선이 있으므로 어느 쪽으로든 이동할 수 있습

니다. 또한, 방향 그래프에도 간선에 비용을 부여할 수 있습니다. 오른쪽 그래프를 보면 B에서 C로 이동하는 비용은 5이지만 C에서 B로 이동하는 비용은 7입니다. 이동 시간을 표현하는 그래프라면 B에서 C로 갈 때는 언덕이 있어서 시간이 더 걸린다는 것을 표현할 수 있습니다. 이처럼 방향성 그래프로 비대칭적 비용도 표현할 수 있습니다.

그래프를 사용하면 무엇이 편리한가?

가령 그래프에 지정된 두 정점 s에서 t로 가는 경로 중에서 비용의 합계가 최소가 되는 경로를 찾는 알고리즘을 만들었다고 합시다. 이 알고리즘은 네트워크에서 통신 시간이 가장 짧은 경로를 찾는 문제, 노선도에서 이동 시간이 가장 짧은 경로를 찾는 문제, 노선도에서 운임이 가장 적은 경로를 찾는 문제 등 다양하게 적용할 수 있습니다.[1] 이처럼 다양한 대상을 그래프라는 하나의 도구로 표현할 수 있기 때문에 다양한 실생활 문제를 해결하는 데 사용할 수 있습니다.

이 장에서 배우는 것

이 장에서는 그래프에 대한 기본적인 문제들을 살펴볼 것입니다. 먼저 그래프 탐색은 한 정점에서 시작하여 간선을 타고 그래프를 탐색하며 목표를 찾는 문제로 탐색 순서에 따라 너비 우선 탐색, 깊이 우선 탐색으로 나뉩니다. 최단 경로 문제는 앞서 설명한 것처럼 지정한 두 정점 s와 t를 연결하는 경로 중 간선의 비용 합이 가장 작은 것을 찾는 문제입니다. 최소 신장 트리 문제는 그래프의 모든 정점이 연결되도록 간선을 선택할 때 선택된 간선의 비용 합이 최소가 되도록 하는 문제입니다. 매칭 문제는 그래프에서 간선을 선택하여 정점의 쌍을 만드는 문제입니다. 이 책에서는 사람과 작업의 관계를 표현한 이분 그래프에서 가능한 많은 쌍을 만드는 알고리즘을 소개합니다.

---

1 실제로는 열차 환승 시간과 대기 시간이 있고, 운임도 역 간 요금의 합이 아니기 때문에 현실과는 조금 차이가 있습니다.

No. 4-2

너비 우선 탐색

너비 우선 탐색은 그래프를 탐색하는 알고리즘입니다. 처음 시작할 때 자신이 어떤 정점(**시작점**이라고 함) 위에 있다고 가정해 봅시다. 단, 그래프의 전체 구조는 모릅니다. 목적은 시작점에서 간선을 따라가며 정점을 탐색하여 지정한 정점(**목표**)에 도달하는 것입니다. 지정된 정점에 도착하면 해당 정점이 목표인지 여부를 판단할 수 있습니다. 너비 우선 탐색은 정점을 탐색할 때 시작점에서 가까운 정점부터 탐색합니다.

01

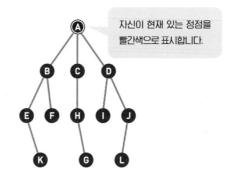

자신이 현재 있는 정점을 빨간색으로 표시합니다.

A를 시작점, G를 목표라고 하겠습니다. 처음에는 시작점 A에 있습니다. G가 어디에 있는지는 알지 못합니다.

02

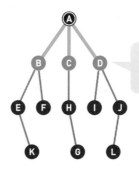

후보가 되는 정점은 초록색으로 표시합니다.

A에서 도달할 수 있는 정점 B, C, D가 다음으로 이동할 후보가 됩니다.

03

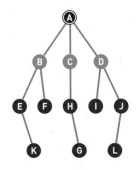

후보 중에서 정점 하나를 선택합니다. 선택 기준은 가장 먼저 후보에 추가된 것입니다. 동시에 추가된 후보 중에서는 어떤 것을 선택해도 무방합니다. 여기서는 왼쪽에 있는 정점부터 선택하겠습니다.

04

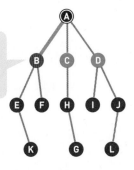

선택된 정점은 주황색으로 표시합니다.

B, C, D가 같은 시점에 후보가 되었기 때문에 가장 왼쪽에 있는 B를 선택하겠습니다.

05

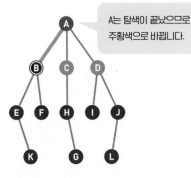

A는 탐색이 끝났으므로 주황색으로 바뀝니다.

선택한 정점 B로 이동합니다. 현재 B에 있기 때문에 B가 빨간색으로 바뀝니다. 탐색이 끝난 정점은 주황색으로 표시합니다.

원 포인트

후보의 정점은 '선입선출(FIFO)' 구조로 관리하므로 큐 데이터 구조를 사용할 수 있습니다.　▶ 참고 1-5 큐

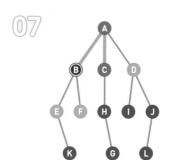

06

현재 위치인 B에서 이동할 수 있는 E와 F를 새로운 후보로 추가합니다.

07

후보 중에서 가장 먼저 추가된 것은 정점 C와 D입니다. 그중에서 왼쪽에 있는 C를 선택합니다.

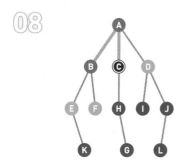

08

선택한 정점으로 이동합니다.

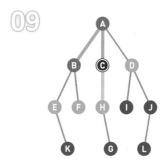

09

현재 위치인 C에서 이동할 수 있는 H를 새로운 후보로 추가합니다.

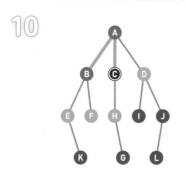

10

목표에 도달하거나 모든 정점에 대한 탐색이 완료될 때까지 같은 작업을 반복합니다.

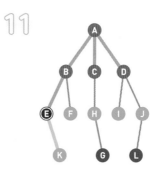

11

이 예에서는 A, B, C, D, E, F, H, I, J, K 순으로 선택됩니다.

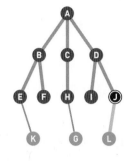

A에서 I까지 탐색한 후 현재는 J에 있습니다.

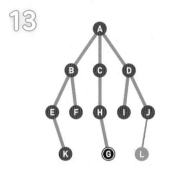

목표인 G에 도착했으므로 탐색을 종료합니다.

 해설

이처럼 너비 우선 탐색은 시작점에서 가까운 순으로 너비를 넓혀 가며 탐색한다는 특징이 있습니다. 따라서 목표가 시작점에서 가까이 있을수록 탐색이 빨리 종료됩니다.

🚩 보충 자료

여기서는 설명을 간단히 하기 위해 그래프에 폐로가 없는 경우를 예로 다루었습니다. **폐로**란 다음 그림과 같이 시작점과 끝점이 동일한 경로를 말합니다.

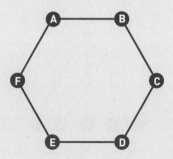

폐로가 존재하는 경우에도 같은 방법으로 탐색할 수 있습니다. 이번 절에서 설명한 그래프처럼 폐로가 없는 그래프를 **트리**라고 합니다.

No.
4-3 깊이 우선 탐색

깊이 우선 탐색은 너비 우선 탐색과 마찬가지로 그래프를 탐색하는 알고리즘입니다. 역시 시작점에서 지정된 정점(목표)에 도달하는 것이 목적입니다. 깊이 우선 탐색에서는 하나의 길을 선택하여 갈 수 있는 만큼 진행하다가 더 이상 진행할 수 없으면 되돌아가서 다음 후보 경로를 탐색합니다.

01

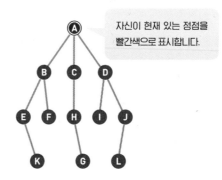

자신이 현재 있는 정점을 빨간색으로 표시합니다.

A를 시작점, G를 목표라고 하겠습니다. 처음에는 A에 있습니다.

02

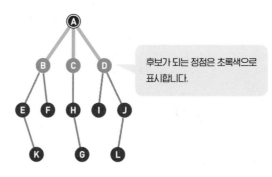

후보가 되는 정점은 초록색으로 표시합니다.

A에서 도달할 수 있는 정점 B, C, D가 다음 진행할 정점 후보가 됩니다.

03

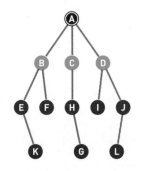

후보 중에서 정점을 하나 선택합니다. 선택 기준은 후보 중에서 최근에 후보에 추가된 것입니다. 같은 시점에 후보가 된 정점 중에서는 어떤 것을 선택해도 무방합니다. 여기서는 왼쪽에 있는 정점부터 선택하겠습니다.

- -

04

선택된 정점은 주황색으로 표시합니다.

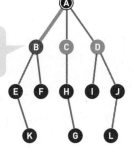

B, C, D가 같은 시점에 후보가 되었기 때문에 가장 왼쪽의 B를 선택하겠습니다.

원 포인트 후보 정점은 '후입선출(LIFO)' 구조로 관리하므로 스택 데이터 구조를 사용할 수 있습니다. ▶ 참고 1-4 스택

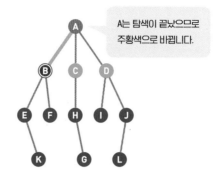

A는 탐색이 끝났으므로
주황색으로 바뀝니다.

05

선택한 정점 B로 이동합니다. 현재 위치인 B를 빨간색으로 표시합니다. 탐색이 끝난 정점은 주황색으로 표시합니다.

06

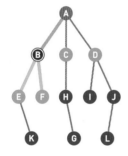

현재 위치인 B에서 이동할 수 있는 E와 F를 새로운 후보로 추가합니다.

07

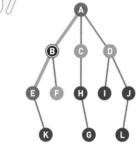

후보 중에서 최근에 추가된 정점은 E와 F입니다. 그중에서 왼쪽에 있는 E를 선택합니다.

08

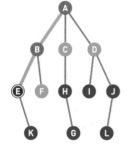

선택한 정점으로 이동합니다.

09

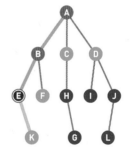

현재 위치인 E에서 이동할 수 있는 K를 새로운 후보로 추가합니다.

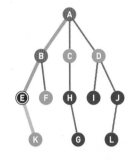

10

목표에 도달하거나 모든 정점에 대한 탐색이 완료
될 때까지 같은 작업을 반복합니다.

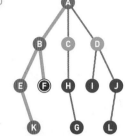

11

이 예에서는 A, B, E, K, F, C, H 순으로 선택됩니다.

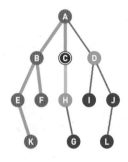

12

현재 C까지 탐색한 상태입니다.

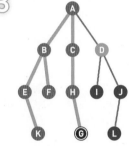

13

목표인 G에 도착했기 때문에 탐색을 종료합니다.

해설

이처럼 깊이 우선 탐색은 한 경로를 깊이 있게 파 내려가면서 탐색을 진행하는 특징이 있습니다.
너비 우선 탐색과 깊이 우선 탐색의 탐색 순서는 많이 다르지만, 절차상 차이점은 딱 하나밖에 없
습니다. 바로 후보 정점 중에서 다음 정점을 선택하는 방법입니다.
너비 우선 탐색은 가장 먼저 후보가 된 정점을 선택하며, 시작점에서 가까운 정점이 먼저 후보가
되기 때문에 시작점에서 가까운 순서로 탐색합니다. 반면, 깊이 우선 탐색은 최근에 후보가 된 정
점을 선택하므로 새롭게 발견한 길을 계속해서 파고들면서 탐색합니다.

No.
4-4

벨먼-포드 알고리즘

벨먼–포드 알고리즘은 그래프의 최단 경로를 찾는 알고리즘입니다. 최단 경로 문제는 시작점과 끝점이 지정되어 있고, 간선에 비용이 부여된 가중 그래프가 주어졌을 때, 시작점과 끝점까지의 경로 중 비용의 합이 가장 작은 것을 찾는 문제입니다.

01

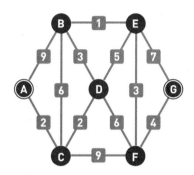

여기서는 A를 시작점, G를 끝점으로 놓고 벨먼–포드 알고리즘을 설명하겠습니다.

- -

02

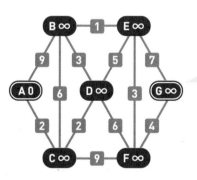

처음에는 정점에 이르는 경로의 길이를 모르기 때문에(도착할 수 있는지도 모름) 무한대로 설정합니다.

각 정점에 대해 초기 비용을 설정합니다. 시작점은 0, 그 외 정점은 무한대(∞)로 설정합니다. 이 비용은 A부터 해당 정점에 이르는 최단 경로의 잠정적 길이를 의미합니다. 계산이 진행됨에 따라 이 값이 점점 작아지면서 최종적으로 올바른 값에 수렴하게 됩니다.

03

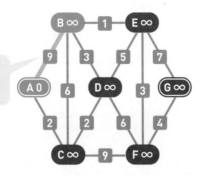

선택한 후보를 초록색으로
표시합니다.

간선 중에서 하나를 선택합니다. 여기서는 (A, B)를 연결하는 간선을 선택하겠습니다. 선택한 간선의 한 정점
에서 다른 정점에 도달하기 위한 비용을 각각 계산합니다. 계산 방법은 '출발하는 정점의 비용+간선의 비용'
입니다. 계산은 한 방향씩 순서대로 진행하며 어느 방향부터 계산해도 무방합니다. 여기서는 비용이 작은 정
점에서 큰 정점으로 향하는 방향을 먼저 계산하겠습니다.

04

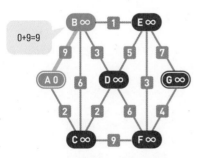

0+9=9

현재 정점 A가 정점 B보다 비용이 작기 때문에 정
점 A에서 B로 향하는 비용을 먼저 계산합니다. 정
점 A의 비용은 0이고 간선 (A, B)의 비용은 9이므
로, 정점 A에서 정점 B로 이동하는 비용은 0+9입
니다.

05

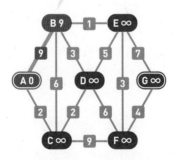

경로는 주황색으로 표시합니다.

계산한 결과가 현재 값보다 작으면 정점의 비용을
새로운 값으로 갱신합니다. 정점 B의 현재 값은 무
한대이고 9가 더 작기 때문에 비용을 9로 갱신했
습니다. 값이 갱신된 경우 어떤 정점에서 시작된
경로인지 기록해 둡니다.

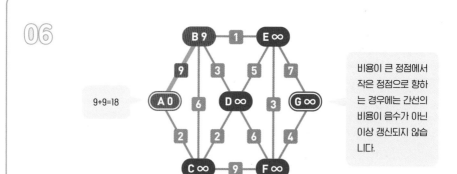

06

9+9=18

비용이 큰 정점에서
작은 정점으로 향하
는 경우에는 간선의
비용이 음수가 아닌
이상 갱신되지 않습
니다.

이어서 역방향으로 정점 B에서 정점 A로 이동하는 경우를 계산합니다. 정점 B의 비용은 9이므로, 정점 B에서 정점 A로 이동하는 비용은 9+9=18입니다. 정점 A의 현재 값인 0과 비교하면 현재 값이 더 작기 때문에 정점의 비용은 갱신되지 않습니다.

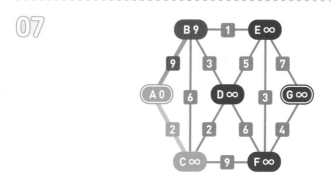

07

모든 간선에 대해 동일한 처리를 수행합니다. 처리할 간선의 순서는 임의로 정해도 무방하지만, 여기서는 왼쪽에 있는 간선부터 계산하겠습니다. 간선을 하나 선택하여…

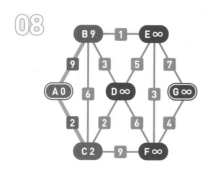

08

비용을 갱신합니다. 정점 C의 비용이 2로 변경됩니다.

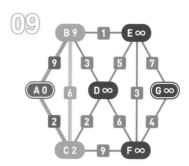

09

동일하게 간선을 하나 선택하여…

10 여기서는 정점 B의 비용이 간선 (B, C)에 의해 갱신되었으므로, 이전까지 경로 (A, B)였던 것이 (B, C)가 됩니다. 이에 따라 간선 (A, B)는 주황색이 아니게 되고 (B, C)가 주황색이 됩니다.

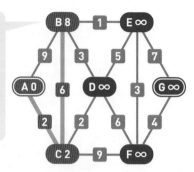

비용을 갱신합니다. 현 시점에서는 정점 A에서 B로 가는 경우, 곧바로 가는 것보다 정점 C를 경유하는 것이 비용이 더 적음을 알 수 있습니다.

11
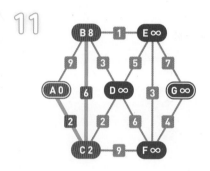

모든 간선에 대하여 갱신 작업을 진행합니다.

12
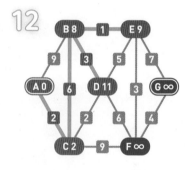

간선 (B, D)와 (B, E)를 작업합니다.

13
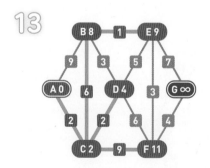

간선 (C, D)와 (C, F)를 진행했습니다.

14
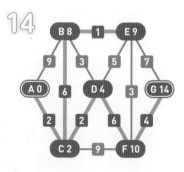

모든 간선에 대한 변경 작업을 한 차례 완료했습니다. 같은 작업을 비용이 변경되지 않을 때까지 반복합니다.

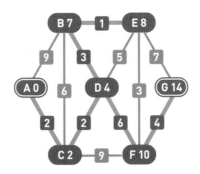

2번째 갱신 작업이 끝났습니다. 정점 B의 비용이 8에서 7로, 정점 E의 비용이 9에서 8로 변경되었기 때문에 갱신 작업을 한 번 더 수행합니다.

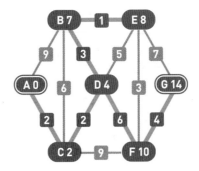

3번째 갱신 작업을 진행했습니다. 정점의 비용이 더 이상 변경되지 않으므로 작업을 완료합니다. 이 시점에서 알고리즘의 탐색이 완료되며 시작점에서 모든 정점에 대한 최단 경로가 도출되었습니다.

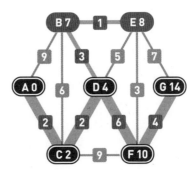

지금까지의 탐색으로 시작점 A에서 도착점 G에 대한 최단 경로(굵은 선)는 A—C—D—F—G이며 비용은 14입니다.

주어진 그래프의 정점 수를 n, 간선 수를 m이라고 하고 계산 시간을 알아보겠습니다. 벨먼-포드 알고리즘은 비용 갱신 작업을 n차례 수행하면 완료됩니다. 한 차례의 갱신 작업은 각 간선을 하나씩 조사하므로 한 차례에 걸리는 시간은 O(m)입니다. 따라서 전체 계산 시간은 O(nm)이 됩니다.

쉽게 설명하기 위해 본문에서는 무방향 그래프를 사용했지만 방향성 그래프에 대해서도 최단 거리를 구할 수 있습니다. 간선을 하나 선택하여 정점의 비용을 계산할 때 무방향 그래프에서는 03~06과 같이 양방향에 대해 계산하지만, 방향성 그래프에서는 간선이 향하는 방향으로만 계산합니다.

⚐ 보충 자료

최단 경로 문제에서 간선의 비용은 시간이나 거리, 요금을 나타내기 때문에 양수인 것이 일반적입니다. 하지만 벨먼-포드 알고리즘은 간선의 비용이 음수인 경우에도 정상적으로 동작합니다.

그러나 간선 비용의 합이 음수가 되는 폐로가 있는 경우에는 그 폐로를 계속 순회하면 얼마든지 경로의 비용을 줄일 수 있습니다. 즉, 애당초 최단 경로가 존재하지 않는다는 뜻입니다. 이때는 정점의 비용 갱신 작업을 n회 반복해도 정점의 비용이 계속 변경되므로 '최단 경로가 존재하지 않는다'라고 판단할 수 있습니다.

참고로, 4-5절에서 소개할 다익스트라 알고리즘의 경우 음수 비용이 있으면 올바른 답을 찾지 못할 수 있습니다.　　　　　　　　　　　▶ 참고 4-5 다익스트라 알고리즘

한입 지식

이 알고리즘의 이름은 개발자인 리차드 E. 벨먼(Richard E. Bellman)과 레스터 포드 주니어(Lestor Ford Junior)의 이름에서 유래합니다. 벨먼은 알고리즘의 중요 분야 중 하나인 **동적계획법**을 고안한 사람이기도 합니다.

4-5 다익스트라 알고리즘

다익스트라 알고리즘은 이전 절에서 살펴본 벨먼-포드 알고리즘과 마찬가지로 그래프의 최단 경로를 구하는 알고리즘입니다. 시작점에서 끝점에 이르는 경로 중에서 간선 비용의 합이 최소인 것을 찾습니다.

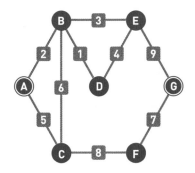

여기서는 정점 A를 시작점, 정점 G를 종점으로 다익스트라 알고리즘을 설명하겠습니다.

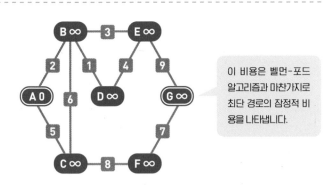

이 비용은 벨먼-포드 알고리즘과 마찬가지로 최단 경로의 잠정적 비용을 나타냅니다.

먼저 각 정점에 비용의 초깃값을 설정합니다. 시작점은 0, 그 외 정점은 무한대로 설정합니다.

03

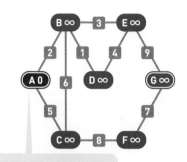

현재 있는 정점을 빨간색으로
표시합니다.

시작점에서 출발합니다.

04

후보는 초록색으로 표시합니다.

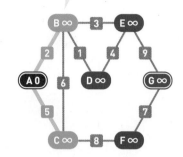

현재 정점에서 도달할 수 있고 아직 탐색하지 않은
정점을 찾습니다. 발견한 정점은 다음에 탐색할 후
보가 됩니다. 이 경우 정점 B와 C가 후보입니다.

05

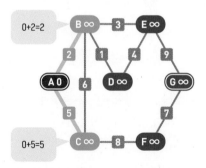

후보 정점의 비용을 각각 계산합니다. 계산 방법은
'현재 있는 정점의 비용+현재 있는 정점에서 후보
정점에 도달하는 비용'입니다. 예를 들어 정점 B의
경우, 현재 있는 시작점 A의 비용이 0이므로 0+2
로 2가 됩니다. 마찬가지로 C의 비용은 0+5이므
로 5가 됩니다.

06

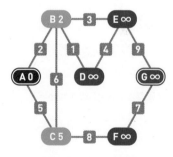

계산 결과가 현재 비용보다 작으면 갱신합니다. 정
점 B와 C의 현재 비용은 무한대이고 계산한 결과
가 더 작으므로, 각각 새로운 값으로 갱신합니다.

07

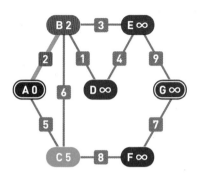

후보 정점 중에서 비용이 제일 작은 정점을 선택합니다. 여기서는 정점 B가 됩니다. 이 시점에서는 A–B가 시작점에서 정점 B에 도달하는 최단 경로입니다. 왜냐하면 다른 경로는 반드시 정점 C를 경유해야 하므로 현재 경로보다 비용이 더 많이 들기 때문입니다.

08

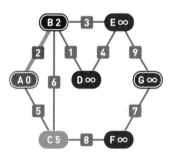

최단 경로로 결정된 정점 B로 이동합니다.

09

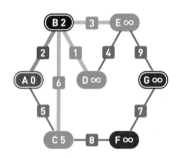

현재 위치에서 도달할 수 있는 정점을 새롭게 후보로 추가합니다. 여기서는 정점 D, E를 추가하여 전체 후보는 C, D, E가 됩니다.

지식 한입

알고리즘의 이름은 개발자인 에츠허르 W. 데이크스트라(Edsger W. Dijkstra)의 이름에서 유래했습니다. 데이크스트라는 1972년 튜링상을 수상했습니다.

10

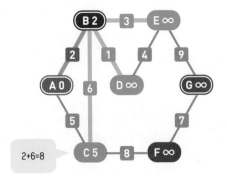

동일한 방법으로 각 후보 정점의 비용을 계산합니다. 정점 B를 거쳐 정점 C로 가는 비용은 2+6=8입니다. 하지만 현재 비용인 5가 더 작기 때문에 갱신하지 않습니다.

11

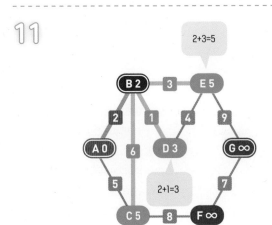

나머지 정점 D와 E의 비용을 갱신합니다.

12

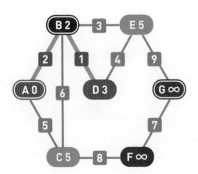

남은 후보 정점 중에서 비용이 제일 작은 정점을 선택합니다. 여기서는 정점 D입니다. 이 시점에서 선택한 정점 D로 가는 경로 A-B-D가 시작점부터 정점 D까지 가는 최단 경로가 됩니다.

13

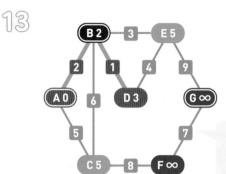

경로 A–B–D는 후보 정점 중 가장 비용이 적은 것을 선택하여 얻은 경로입니다. 따라서 다른 정점을 경유하여 D로 이동하면 반드시 지금보다 비용이 더 커집니다.

이처럼 다익스트라 알고리즘은 각 정점으로 가는 최단 경로를 하나씩 결정해 나가면서 그래프를 탐색합니다.

14

3+4=7

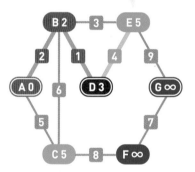

종점 G에 도착할 때까지 동일한 작업을 반복합니다. D로 이동하여 E의 비용을 계산하지만 갱신되지 않습니다 (3+4=7이기 때문입니다). 현재 후보는 C와 E인데, 둘 다 같은 값(5)이므로 어떤 것을 선택해도 무방합니다.

15

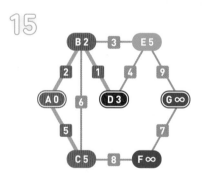

여기서는 C를 선택하겠습니다. 이에 따라 C로 가는 최단 경로가 결정됩니다.

16

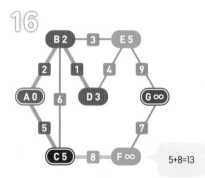

5+8=13

C로 이동합니다. 이번에는 F가 새로운 후보가 되고, F의 비용이 13으로 갱신됩니다. 이제 후보는 E의 5와 F의 13이 됩니다.

17

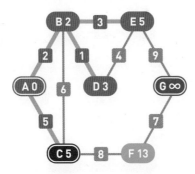

둘 중 더 작은 E가 선택되어 E로 가는 최단 경로가 정해집니다.

18

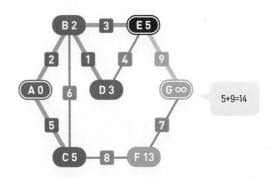

E로 이동합니다. G가 새로운 후보가 되고, G의 비용이 14로 갱신됩니다. 후보는 F의 13과 G의 14이고, 더 작은 F가 선택되어 F로 가는 최단 경로가 결정됩니다.

19

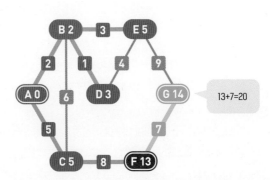

F로 이동합니다. G의 값을 계산하면 13+7=20이지만, 현재 값인 14가 더 작기 때문에 G의 비용은 갱신되지 않습니다. 후보는 비용이 14인 G뿐이므로 G가 선택되어 G로 가는 최단 경로가 결정됩니다.

20

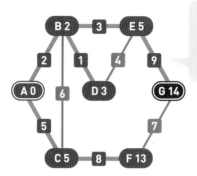

최종적으로 만들어진 주황색 트리를 최단 경로 트리라고 하며, 각 정점으로 이동하는 최단 경로를 나타냅니다.

종점 G에 도달했으므로 탐색을 종료합니다.

21

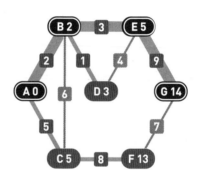

여기서 굵은 선으로 표시된 경로가 시작점 A에서 종점 G까지의 최단 경로입니다.

해설

벨먼-포드 알고리즘은 모든 간선에 대해 비용을 계산하고 갱신을 반복하는 반면, 다익스트라 알고리즘은 정점을 선택하는 방법이 개선되어 더 효율적으로 최단 경로를 구합니다.

주어진 그래프의 정점 수를 n, 간선 수를 m이라고 했을 때 계산 시간은 $O(n^2)$이지만, 효율적인 데이터 구조를 사용하면 $O(m+n \log n)$이 됩니다.

▼ 보충 자료

다익스트라 알고리즘도 벨먼-포드 알고리즘과 마찬가지로, 방향성 그래프에서도 최단 경로를 찾을 수 있습니다. 단, 음수의 비용을 포함하는 그래프에서는 올바른 최단 경로를 찾지 못할 수 있습니다. 이것이 벨먼-포드 알고리즘과 다른 부분입니다. 가령 오른쪽 그래프에서는 A-C-B-G가 올바른 최단 경로이며, 비용은 4+(-3)+1=2입니다.

하지만 다익스트라 알고리즘을 적용해 보면 최단 경로는 다음과 같습니다. 시작점 A에서 종점 G까지의 최단 경로가 A-B-G이고, 그 비용은 3이라고 합니다. 이는 틀린 답입니다.

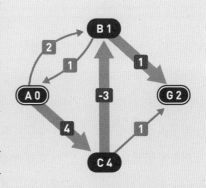

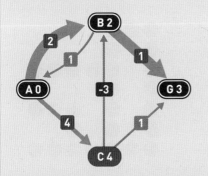

처음에 B와 C가 후보가 되었을 때, B의 비용이 더 작기 때문에 A-B라는 경로를 선택합니다. 사실 A-C-B로 멀리 돌아가는 것이 음의 비용이 포함되어 총 비용이 작아지지만, 다익스트라 알고리즘은 이 시점에서 간선 (C, B)의 존재를 모르기 때문에 틀린 결론을 도출하게 됩니다.

또한 4-4절에서 비용이 음수인 폐로가 있으면 최단 경로 자체가 존재하지 않는다고 설명했습니다. 벨먼-포드 알고리즘에서는 최단 경로가 존재하지 않는다고 판정할 수 있지만, 다익스트라 알고리즘은 경로가 존재하지 않는데도 잘못된 최단 경로를 도출합니다. 따라서 다익스트라 알고리즘은 음의 비용을 포함하는 그래프에는 사용할 수 없습니다.

정리하면 비용이 음수인 간선을 포함하지 않는 경우에는 계산 시간이 적은 다익스트라 알고리즘을 사용하는 것이 좋지만, 음수인 간선을 포함하는 경우에는 계산 시간이 오래 걸려도 정확한 답을 찾아주는 벨먼-포드 알고리즘을 사용하는 것이 좋습니다. ▶ 참고 4-4 벨먼-포드 알고리즘

No.

4-6 A*

A*(에이 스타)는 그래프의 최단 경로 문제를 해결하는 알고리즘으로 다익스트라 알고리즘을 발전시킨 것입니다. 다익스트라 알고리즘은 시작점에서 각 정점에 이르는 최단 경로를, 시작점에서 가까운 정점부터 결정합니다. 그러다 보니 종점에서 멀어지는 방향에 있는 정점들의 최단 경로도 결정하게 되는데 이 계산은 결국 사용되지 않기 때문에 불필요합니다. A*는 미리 추정 비용을 힌트로 설정하여 이 정보를 이용함으로써 불필요한 탐색을 생략하도록 개선되었습니다.

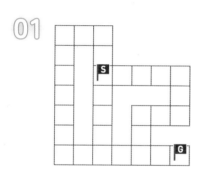

이 미로의 최단 경로를 먼저 다익스트라 알고리즘으로 풀어 보겠습니다.

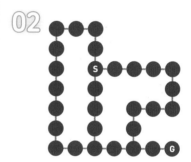

미로는 한 칸이 하나의 정점이고 각 정점 간 거리(비용)가 1인 그래프로 볼 수 있습니다.

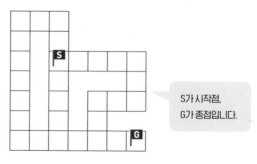

S가 시작점,
G가 종점입니다.

이를 전제로 다익스트라 알고리즘으로 최단 경로를 찾아보겠습니다.

다익스트라 알고리즘으로 최단 경로를 구하면 이러한 결과를 얻습니다. 각 칸의 숫자는 시작점에서 해당 칸까지의 비용입니다. 하늘색과 주황색 칸은 탐색한 장소이며, 그중 주황색 칸은 S에서 G까지의 최단 경로입니다.

다익스트라 알고리즘에서는 시작점에서부터의 비용만을 고려하여 다음에 이동할 정점을 결정합니다. 따라서 화살표 방향, 즉 목적지에서 멀어지는 경로도 탐색하게 됩니다.

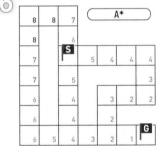

A*는 시작점부터의 비용뿐만 아니라 현재 위치에서 목적지까지의 추정 비용을 함께 고려하여 탐색합니다. 이 추정 비용은 자유롭게 설정할 수 있습니다. 여기서는 오른쪽 아래에 있는 목적지와의 직선 거리를 반올림한 값을 설정하겠습니다.

원 포인트

06에서 표시한 것처럼 사람의 손으로 미리 설정한 추정 비용을 **휴리스틱 비용**이라고 합니다. 사전에 알고 있는 정보를 바탕으로 적절한 추정 비용을 설정하여 힌트를 제공하면 더 효율적으로 탐색할 수 있습니다. 여기서는 목적지의 위치는 알지만, 가는 길을 모른다는 전제로 직선 거리를 사용했습니다.

07

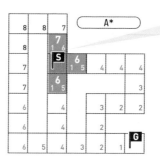

그러면 A*로 문제를 풀어 보겠습니다. 먼저 시작점을 탐색 완료로 설정합니다. 탐색을 완료한 칸은 하늘색으로 표시하겠습니다.

08

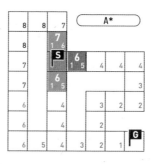

각 지점에 대해 시작점에서부터 실제로 걸린 비용과 목적지까지의 추정 비용을 더하면 시작점에서 목적지까지의 추정 비용을 계산한 것입니다.

시작점에서 이동할 수 있는 점의 비용을 각각 계산합니다. 비용은 해당 위치로 이동하기 위한 비용(왼쪽 아래 값)과 휴리스틱 비용(오른쪽 아래 값)의 합으로 계산합니다.

09

그림

비용이 제일 작은 점을 하나 선택합니다. 선택한 점은 주황색으로 표시하겠습니다.

10

<table>
<tr><td>8</td><td>8</td><td>7</td><td colspan="4">A*</td></tr>
<tr><td>8</td><td></td><td>7 1 6</td><td></td><td></td><td></td><td></td></tr>
<tr><td>7</td><td></td><td>S</td><td>6 1 5</td><td>4</td><td>4</td><td>4</td></tr>
<tr><td>7</td><td></td><td>6 1 5</td><td></td><td></td><td></td><td>3</td></tr>
<tr><td>6</td><td></td><td>4</td><td></td><td>3</td><td>2</td><td>2</td></tr>
<tr><td>6</td><td></td><td>4</td><td></td><td>2</td><td></td><td></td></tr>
<tr><td>6</td><td>5</td><td>4</td><td>3</td><td>2</td><td>1</td><td>G</td></tr>
</table>

선택한 점을 탐색 완료한 것으로 처리합니다.

11

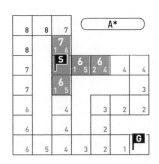

탐색 완료한 점에서 이동할 수 있는 점들의 비용을 계산합니다.

12

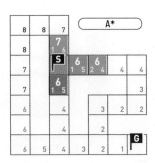

비용이 제일 작은 점을 하나 선택합니다.

13

A*

선택한 점을 탐색 완료한 것으로 처리합니다. 목적지에 도착할 때까지 동일한 작업을 반복합니다.

14

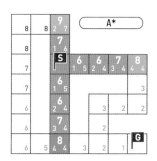

A*

탐색 중…

15

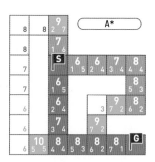

A*

목적지에 가까워지지 않는
방향으로는 거의 탐색하지
않음을 알 수 있습니다.

탐색이 끝났습니다. 다익스트라 알고리즘과 비교하여 훨씬 효율적으로 미로를 탐색했습니다.

해설

A* 알고리즘은 각 지점에서 목표까지의 거리에 대해 정확하지 않더라도 힌트가 주어진 경우에 유용합니다. 물론 그런 정보가 전혀 없는 상황도 있을 것입니다. 그때는 A*를 사용하지 않습니다. 휴리스틱 비용과 실제 비용이 가까우면 가까울수록 검색 효율이 높습니다. 반대로 실제 비용과 동떨어진 값을 휴리스틱 비용으로 사용하면 다익스트라 알고리즘보다 효율이 더 떨어질 수 있습니다. 더 나아가 심하게 동떨어진 휴리스틱 비용을 사용하면 아예 정답을 찾지 못할 수도 있습니다. 참고로, 휴리스틱 비용이 실제 비용보다 낮게 설정되어 있으면 바른 답을 찾는 것이 보장됩니다 (단, 설정에 따라 검색 효율이 나빠질 수 있습니다).

활용 사례

A* 알고리즘은 게임 프로그래밍에서 플레이어를 쫓는 적의 움직임을 계산할 때 자주 사용합니다. 하지만 계산량이 많기 때문에 게임 전체의 진행 속도에 나쁜 영향을 미칠 수 있습니다. 이를 사용하려면 다른 알고리즘과 조합하거나 사용하는 장면을 제한하는 등 궁리해야 할 것입니다.

No. 4-7 크루스칼 알고리즘

크루스칼 알고리즘은 그래프의 최소 신장 트리를 구하는 알고리즘입니다. 간선에 비용이 있는 그래프에서 간선을 선택하여 모든 정점을 연결합니다. 이때 선택한 간선 비용의 총합이 최소가 되어야 합니다.

▶ 참고 4-1 그래프란?

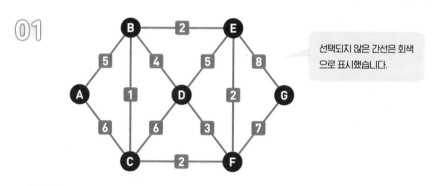

선택되지 않은 간선은 회색으로 표시했습니다.

그림과 같은 그래프가 주어졌습니다. 처음에는 어떤 간선도 선택되지 않았습니다.

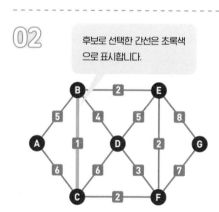

후보로 선택한 간선은 초록색으로 표시합니다.

비용이 제일 작은 간선 (B, C)를 후보로 선택합니다. 이 간선을 선택하면…

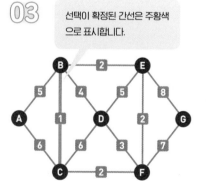

선택이 확정된 간선은 주황색으로 표시합니다.

정점 B와 C가 연결됩니다. 이 간선을 선택해도 폐로가 생기지 않기 때문에 선택을 확정합니다(폐로에 대해서는 4-2절을 참고해 주세요).

▶ 참고 4-2 너비 우선 탐색

04

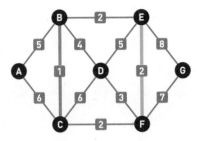

아직 살펴보지 않은 간선 중에서 비용이 제일 적은 간선 (E, F)를 후보로 선택합니다. 이때 같은 비용의 간선이 여러 개 있다면 어떤 것을 후보로 선택해도 무방합니다.

05

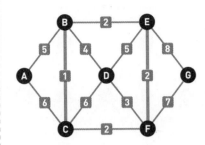

간선 (E, F)를 선택해도 폐로가 생기지 않으므로 선택을 확정합니다.

06

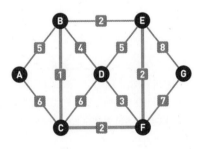

마찬가지로 간선 (C, F)를 선택합니다.

07

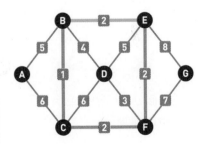

이어서 간선 (B, E)가 후보가 되지만…

08

선택하지 않기로 결정한 간선은
하늘색으로 표시합니다.

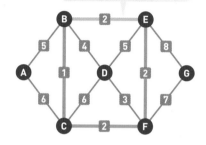

이 간선을 선택하면 폐로가 만들어지므로 선택하
지 않기로 합니다.

09

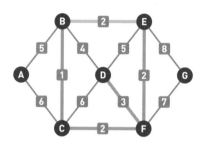

같은 방식으로 간선 (D, F)를 선택합니다.

10

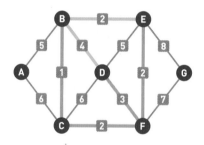

하지만 간선 (B, D)를 선택하면 폐로가 생기므로
선택하지 않기로 합니다.

11

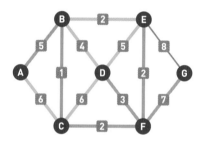

동일한 처리를 반복하면 간선 (F, G)가 선택된 단
계에서 모든 정점이 연결됩니다. 이 단계에서 선택
된 주황색 간선이 정답입니다.

지식 한입 이 알고리즘의 이름은 개발자인 조셉 B. 크루스칼(Joseph B. Kruskal)의 이름에서
유래했습니다.

문제의 조건은 '모든 정점을 연결하는 것'이기 때문에 선택한 간선이 폐로를 만들어도 무방합니다. 하지만 선택한 간선이 폐로를 만들면 그 폐로에서 간선을 하나 빼도 모든 정점은 연결되기 때문에 간선을 포함하는 의미가 없습니다. 따라서 선택한 간선들은 트리가 됩니다.

모든 정점을 연결하는 간선의 집합을 **신장 트리**라고 합니다. 구하는 답은 비용이 최소가 되는 신장 트리이기 때문에 **최소 신장 트리**라고 합니다.

최소 신장 트리는 한 개만 있는 것이 아닙니다. 그중 어떤 것을 찾게 될지는 04에서 설명한 여러 후보 중 어떤 것을 선택하는지에 달려 있습니다. 예를 들어 04에서 간선 (E, F)를 선택하는 대신에 간선 (B, E)를 선택하면 11과는 또 다른 최소 신장 트리를 찾았을 것입니다.

크루스칼 알고리즘은 낭비가 없는(폐로가 생기지 않는) 범위에서 비용이 작은 순으로 간선을 선택합니다. 이처럼 각 시점에서 최선의 것을 선택하는 알고리즘을 **그리디**(greedy) **알고리즘**이라고 합니다. 최소 신장 트리 문제에서는 그리디 알고리즘이 최적의 답을 찾아주지만, 문제에 따라서는 그렇지 않은 경우도 있습니다.

입력 그래프의 정점 수를 n, 간선 수를 m이라고 하겠습니다. 알고리즘은 간선을 하나씩 살펴보기 때문에 m회 이내로 반복을 마칩니다. 따라서 계산 시간이 $O(m)$일 것 같지만 그렇지 않습니다. 먼저 간선을 비용이 작은 순으로 살펴보기 위해서는 간선을 비용이 작은 순으로 정렬해야 합니다. 이 전처리를 위해 $O(m \log m)$의 계산 시간이 필요합니다.

또한, 후보 간선을 정했을 때 그 간선을 선택함으로써 폐로가 생기는지 여부를 확인해야 합니다. 매번 폐로를 탐색하면 시간이 오래 걸리지만 **서로소 집합 데이터 구조**라는 고도의 데이터 구조와 **합집합 찾기**(union-find) **알고리즘**을 사용하면 전체 계산 시간은 $O(m \log n)$이 됩니다. m >= n이므로 전체 계산 시간은 $O(m \log m)$입니다.

▶ 참고 2-1 정렬이란?
▶ 참고 4-2 너비 우선 탐색

활용 사례

최소 신장 트리는 인터넷에서 라우팅 경로를 정하는 알고리즘에 사용됩니다.

NO.
4-8 프림 알고리즘

프림 알고리즘은 크루스칼 알고리즘과 마찬가지로 그래프의 최소 신장 트리를 구하는 알고리즘입니다.

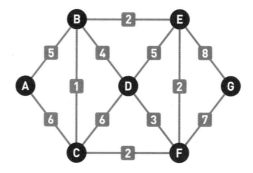

4-7절에서 살펴봤던 그래프로 프림 알고리즘의 동작도 살펴보겠습니다. 선택되지 않은 간선은 회색으로 표시합니다. 처음에는 어떤 간선도 선택되지 않은 상태입니다.

- -

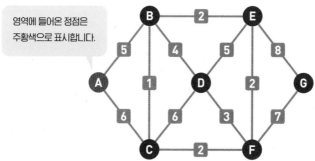

영역에 들어온 정점은
주황색으로 표시합니다.

이 알고리즘에서는 **영역**이라는 개념이 사용됩니다. 먼저 정점을 하나 선택하여 영역에 추가합니다. 여기서는 정점 A를 영역에 추가하겠습니다.

03

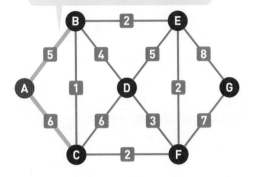

후보로 선택된 간선은 초록색으로 표시합니다.

다음으로 영역과 영역 바깥쪽을 연결하는 간선을 모두 후보로 간주합니다. 여기서는 간선 (A, B)와 (A, C)가 후보가 됩니다.

04

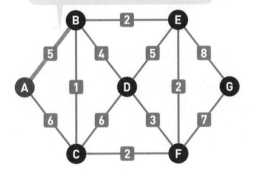

선택이 확정된 간선은 주황색으로 표시합니다.

후보 중에서 비용이 제일 작은 간선을 선택합니다. 여기서는 간선 (A, B)입니다. 이때 비용이 제일 작은 간선이 여러 개 있을 때는 어떤 간선을 선택해도 무방합니다.

05

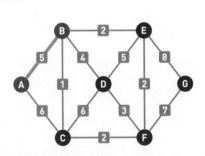

영역 바깥쪽 정점 B가 영역 안쪽 정점 A와 연결되므로 정점 B를 영역으로 포함합니다.

06

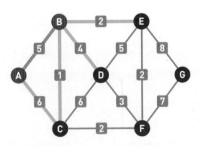

마찬가지로 영역과 영역 바깥쪽을 연결하는 간선을 후보로 선정하여…

07

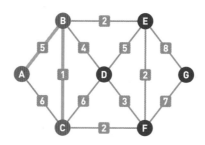

그중 가장 비용이 적은 간선 (B, C)를 선택합니다. 정점 C가 영역에 포함됩니다.

08

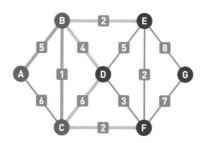

마찬가지로 영역 안쪽과 바깥쪽을 연결하는 간선을 후보로 선정하여…

09

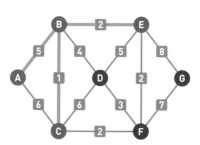

그중 가장 비용이 적은 간선 (B, E)를 선택하여 정점 E를 영역에 포함합니다(비용이 최소인 간선이 여러 개 있을 때는 어떤 것을 선택해도 무방합니다).

지식 한입 알고리즘의 이름은 개발자인 로버트 클레이 프림(Robert Clay Prim)의 이름에서 유래했습니다.

10

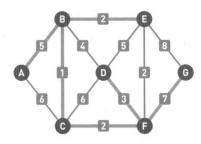

같은 식으로 계속 진행하면 모든 정점이 영역에 포함되어 알고리즘이 종료됩니다. 이때 선택된 주황색 간선이 정답입니다.

해설

프림 알고리즘도 크루스칼 알고리즘과 마찬가지로 그래프에서 서로 다른 최소 신장 트리를 찾습니다. 이는 04에서 후보 간선 중 어떤 것을 선택하는지에 따라 달라집니다. 예를 들어 09에서 다음 후보 간선으로 (C, F)와 (E, F) 중에서 (C, F)를 선택했는데 (E, F)를 선택했다면 10과는 다른 최소 신장 트리를 찾았을 것입니다.

크루스칼 알고리즘도 프림 알고리즘도 처음에는 모든 정점이 연결되지 않은 채 흩어져 있고 간선을 선택함으로써 정점들이 연결되기 시작합니다. 크루스칼 알고리즘은 그래프 전체를 대상으로 정점이 연결되면서 작은 덩어리(이를 **연결 성분**이라고 합니다)가 점점 커 가는 것에 비해, 프림 알고리즘은 영역에 포함된 첫 정점이 다른 정점을 하나씩 포함해 가면서 연결 성분이 성장해 가는 방식입니다.

영역과 바깥을 연결하는 후보 간선 중에서 가장 좋은(비용이 최소인) 간선을 선택하기 때문에 프림 알고리즘도 그리디 알고리즘에 해당합니다.

주어진 그래프의 정점 수를 n, 간선 수를 m이라고 할 경우, 영역 안쪽과 바깥쪽을 연결하는 간선의 관리 방법과 그중에서 비용이 최소인 간선을 선택하는 방법에 따라 다르지만, 단순하게 구현하면 O(nm)시간, 최적화된 데이터 구조를 사용하면 O(m log n)의 계산 시간이 걸립니다.

▶ 참고 4-7 크루스칼 알고리즘

No.
4-9 매칭 알고리즘

정점을 공유하지 않는 간선의 집합을 매칭이라고 합니다. **매칭**이란 정점 간에 짝을 지어 주는 것을 의미합니다. 여기서는 서로 다른 두 그룹 간 관계를 나타내는 이분 그래프의 매칭을 알아보겠습니다.

01

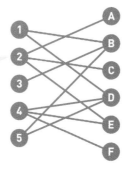

왼쪽 정점을 사람, 오른쪽 정점을 작업이라고 생각하면 사람 2는 A, C, E, 세 가지 작업을 수행할 수 있다고 해석할 수 있습니다.

그림과 같이 정점이 왼쪽과 오른쪽에 나뉘어 있어 모든 간선이 오른쪽 정점과 왼쪽 정점을 연결하는 그래프를 **이분 그래프**(bipartite graph)라고 합니다.

02

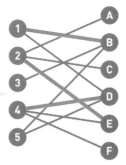

사람 1에게 작업 B를, 사람 2에게 작업 E를, 사람 4에게 작업 D를 할당한다고 해석할 수 있습니다.

정점을 공유하지 않는 간선의 집합을 매칭이라고 합니다. 그림의 주황색 간선 집합이 매칭입니다.

03

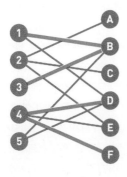

이 그림에서 주황색 간선 집합은 매칭이 아닙니다. 정점 B와 정점 4가 두 개 이상의 간선에 공유되어 있기 때문입니다.

04

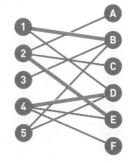

매칭 간선에 포함되는 정점(여기서는 1, 2, 3, B, D, E)을 '매칭한다', 포함되지 않는 정점(여기서는 3, 5, A, C, F)을 '매칭하지 않는다'고 말합니다.

05

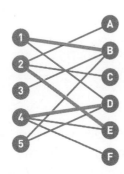

매칭에 포함되는 간선의 수를 매칭의 크기라고 합니다. 그림에서 매칭의 크기는 3입니다. 크기가 클수록 더 많은 작업을 할당할 수 있기 때문에 크기가 제일 큰 매칭을 구하는 알고리즘을 알아보겠습니다.

06

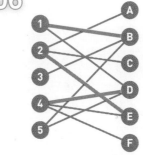

먼저 이 매칭의 크기를 키우는 방법에 대해 생각해 보겠습니다. 선택하지 않은 어떤 간선을 추가해도 정점이 공유되고 맙니다. 즉, 간선을 추가하는 것으로는 매칭의 크기를 키울 수 없습니다.

원 포인트

03의 설명에서 알 수 있듯이 매칭이란 곧 '어떤 사람에게도 두 개 이상의 작업을 할당하지 않고, 어떤 작업도 두 사람 이상에게 할당하지 않도록 하는 연결'이라고 해석할 수 있습니다.

07

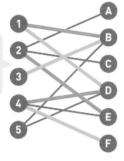

> 증가 경로에서 매칭에
> 사용되지 않는 간선을
> 하늘색으로 표시합니다.

매칭 중이지 않은 정점에서 출발하여 매칭에 사용되지 않는 간선과 사용되는 간선을 번갈아 가면서 이동하여 매칭 중이지 않은 정점으로 끝나는 경로를 생각해 보겠습니다. 예를 들어 간선 (3, B), (B, 1), (1, D), (D, 4), (4, F)로 구성된 경로입니다. 이러한 경로를 '증가 경로'[2]라고 합니다(이때, 간선 (2, E)가 증가 경로에 포함되지 않음에 주의해 주세요. 증가 경로에서는 매칭에 사용되지 않는 간선의 수가 사용되는 간선보다 한 개 더 많습니다).

2 증가 경로란 경로상의 간선이 매칭에 속하는 여부가 false - true - false - true - false와 같이 번갈아 나오며 경로의 양 끝점이 매칭되지 않는 경로를 말한다.

08

> 간선 (2, E)는 증가 경로에 포함되지 않으므로 삭제하지 않습니다.

증가 경로에서 매칭에 사용되는 간선 (B, 1), (D, 4)를 매칭에서 제외하여…

09

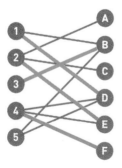

사용되지 않던 하늘색 간선 (3, B), (1, D), (4, F)를 매칭에 추가하면, 크기가 하나 더 큰 매칭을 얻을 수 있습니다. 이처럼 임의의 매칭에서 시작하여 증가 경로를 찾아 크기를 하나 더 키우는 작업을 반복하면서 크기를 키웁니다. 증가 경로가 없어지면 종료합니다. 증가 경로가 없을 때, 그 매칭이 최대인 것이 보장되기 때문에 알고리즘이 종료된 시점에서 매칭의 크기가 최대입니다.

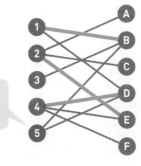

10

선택한 정점은 주황색으로
표시합니다.

이제 증가 경로를 찾는 방법을 설명하겠습니다. 먼저 왼쪽의 매칭 중이지 않은 정점을 하나 선택합니다. 여기
서는 정점 5를 선택했습니다.

11

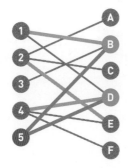

정점 5에 연결된 오른쪽 정점을 마크합니다. 여기서는 정점 B와 D를 마크합니다. B도 D도 매칭 중이기 때문
에 다음 단계로 넘어갑니다.

원 포인트

11에서 만약 정점 B 혹은 D가 매칭 중이지 않았다면 증가 경로를 발견한 것입니다(양
끝의 정점이 매칭 중이지 않은 간선은 하나의 간선으로만 구성된 특수한 증가 경로입
니다). 이 경우 해당 간선을 매칭에 추가하면 크기가 하나 더 큰 매칭을 얻게 됩니다.

12

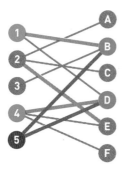

11에서 마크한 정점 B와 D에 대해 매칭 간선으로 연결된 왼쪽 정점을 마크합니다. 여기서는 정점 1과 4를 마크합니다.

13

이렇게 왼쪽에서 오른쪽으로 갈 때는 매칭에 사용 중이지 않은 간선을, 오른쪽에서 왼쪽으로 갈 때는 매칭에 사용 중인 간선을 따라가며 탐색을 진행합니다.

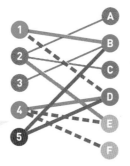

12에서 마크한 정점 1과 4, 그리고 매칭에 사용되지 않는 간선으로 연결된 오른쪽 정점(D, E, F) 중에서 지금까지 마크되지 않은 것을 마크합니다. 여기서는 정점 E와 F를 새롭게 마크합니다.

14

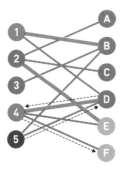

F는 매칭 중이지 않으므로 정점 5에서 시작하여 F에 도착하는 지금까지 탐색한 간선들이 증가 경로가 됩니다. 여기서는 (5, D), (D, 4), (4, F)입니다.

원 포인트

만약 새롭게 마크할 정점이 없을 때까지 계속해도 증가 경로가 발견되지 않았다면 정점 5에서 시작하는 증가 경로가 없는 것입니다. 이 경우 매칭 중이지 않은 별도의 정점(정점 3)부터 동일한 탐색을 수행합니다. 왼쪽의 매칭 중이지 않은 어떤 정점에서 시작해도 증가 경로를 찾을 수 없는 경우에는 증가 경로가 존재하지 않음을 의미합니다.

15

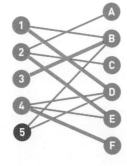

이번에는 09에서 매칭의 증가 경로를 찾아보겠습니다. 먼저 왼쪽에서 매칭 중이지 않은 정점 5를 선택합니다.

16

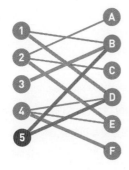

정점 5와 연결된 정점 B와 D를 마크합니다.

17

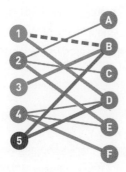

정점 B와 D에 대해 매칭 간선으로 연결된 왼쪽의 정점 1과 3을 마크합니다. 매칭 중이지 않은 간선으로 정점 1, 3과 연결된 오른쪽의 정점(B)은 이미 마크한 상태이므로 탐색은 여기서 멈춥니다. 매칭 중이지 않은 왼쪽의 정점은 5뿐이므로 증가 경로가 없다는 것을 알 수 있습니다. 따라서 이것이 최대 매칭이 됩니다.

▶ 참고 p.142의 원 포인트

정점 1, 3, 5와 연결된 오른쪽 정점은 B와 D뿐이므로 1, 3, 5 전부 매칭하는 것은 불가능합니다. 이를 통해서도 17의 매칭이 최대인 것을 알 수 있습니다.

증가 경로의 탐색은 매칭 중이지 않은 정점(예에서는 정점 5)을 뿌리로 삼아 너비 우선 탐색을 하면서 매칭 중이지 않은 정점에 도착하는 경로를 탐색하는 것으로 볼 수 있습니다. 단, 뿌리를 1단으로 했을 때 짝수 번째 정점에 갈 때는 매칭에 사용되지 않는 간선을, 홀수 번째 정점에 갈 때는 매칭에 사용 중인 간선을 사용해야 합니다.

여기서는 증가 경로를 사용한 알고리즘을 설명했는데 그래프의 간선에 물을 흘려 보내는 **네트워크 흐름 문제**(network flow problem)를 사용하여 최대 매칭을 찾는 것도 가능합니다.

▶ 참고 4-2 너비 우선 탐색

🚩 **보충 자료**

이번 절의 시작에서 예로 든 작업 할당과 같이, 매칭은 할당 문제를 풀 수 있어 무척 응용 범위가 넓은 개념입니다. 이번 절에서 알아본 매칭은 각 정점에 대해 하나의 매칭이 가능했습니다. 하지만 **b-매칭**이라는 보다 일반화한 매칭의 경우, 각 정점에 값을 부여하여 그 횟수만큼 매칭이 가능합니다. 즉, 정점에 부여된 값만큼 여러 간선에 공유될 수 있습니다. 그러면 한 사람에게 여러 작업을 할당하거나, 한 작업을 여러 사람에게 할당하는 것이 가능해집니다.

여기서는 사람의 작업 가능 여부를 간선 유무로 표현하고 가능한 많이 할당되는 매칭을 찾았지만, 보다 다양한 문제를 생각해 볼 수 있습니다. 예를 들어 작업을 사람에게 할당할 때 그 작업에 대한 적성을 간선 가중치로 부여하여 적성도가 최대가 되는 매칭을 구하는 문제에 적용할 수 있습니다. 또한 본인이 수행할 수 있는 작업에 대한 선호도를 고려하여 가능한 모두가 만족하는 매칭을 구하는 것도 생각해 볼 수 있습니다. 이처럼 다양한 상황에서 매칭 알고리즘을 활용할 수 있습니다.

여기서는 이분 그래프에서 최대 매칭을 구하는 알고리즘을 소개했습니다. 이분 그래프가 아닌 일반 그래프에 대해서도 증가 경로를 찾는 알고리즘으로 최대 매칭을 구할 수 있습니다. 하지만 증가 경로를 탐색하는 것이 이분 그래프처럼 단순하지 않습니다. 일반 그래프에서 증가 경로를 효율적으로 찾는 방법은 잭 에드몬드(Jack Edmonds)가 고안했습니다.

제 **5** 장

보안 알고리즘

5-1 보안 알고리즘

인터넷에 필수 불가결한 보안

인터넷을 경유하여 데이터를 주고받을 때, 데이터는 다양한 네트워크와 기기를 경유하여 상대에게 전달됩니다. 데이터가 운반되는 도중 악의를 품은 사람이 관리하는 기기를 경유하면 도청당할 위험이 있습니다.

따라서 인터넷을 안전하게 사용하기 위해서는 보안 기술이 반드시 필요합니다. 이 장에서는 보안을 확보하기 위해 사용되는 다양한 알고리즘과 그 알고리즘이 사용되는 방식을 함께 배워 보겠습니다.

데이터를 주고받을 때 발생하는 4가지 문제

먼저 인터넷에서 데이터를 주고받을 때 발생할 수 있는 대표적인 네 가지 문제를 소개하겠습니다.

• 도청

첫 번째, A가 B에게 메시지를 보냈을 때 X가 경로 도중에 메시지 내용을 훔쳐볼 가능성이 있습니다. 이 문제를 도청이라고 합니다.

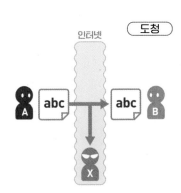

• 위장

두 번째, A가 B에게 메시지를 보냈는데 X가 B라고 속였을 가능성이 있습니다(왼쪽 그림). 반대로 B가 A로부터 메시지를 받았는데 X가 A라고 속였을 가능성이 있습니다(오른쪽 그림). 이 문제를 위장이라고 합니다.

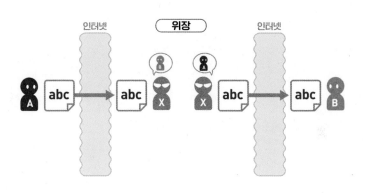

• 변조

세 번째, A가 B에게 메시지를 확실히 보냈지만 경로 도중에 X에 의해 메시지가 바뀌었을 가능성이 있습니다. 이 문제를 변조라고 부릅니다. 제삼자에 의한 의도적인 변조 외에도 통신상 장애로 데이터가 파손되는 경우도 있습니다.

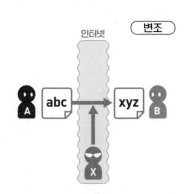

• 사후 부인

네 번째, B가 A에게 메시지를 받았는데 메시지를 보낸 A가 나중에 악의적으로 "그건 내가 보낸 메시지가 아니다."라고 주장할 가능성이 있습니다. 이런 일이 일어난다면 인터넷을 통한 상품 거래나 계약이 성립되기 어려울 것입니다. 이 문제를 사후 부인 이라고 합니다.

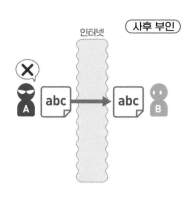

대표적인 네 가지 문제를 소개했는데, 이는 사람 사이에서만 발생하는 것이 아니라 웹 사이트를 보는 경우에도 똑같이 발생할 수 있습니다.

문제에 대한 보안 기술

위와 같은 문제를 해결하기 위해 어떤 보안 기술로 어떻게 대응하는지 간단히 살펴보겠습니다.

첫 번째 문제인 도청을 막기 위해서는 암호화 기술을 사용합니다.

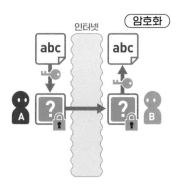

두 번째 문제인 위장을 막기 위해서는 메시지 인증 코드(왼쪽 그림)나 디지털 서명 기술(오른쪽 그림)을 사용합니다.

세 번째 문제인 변조를 막기 위해서도 메시지 인증 코드나 디지털 서명 기술을 사용합니다. 이 디지털 서명 기술은 네 번째 문제인 사후 부인을 막는 데도 도움이 됩니다.

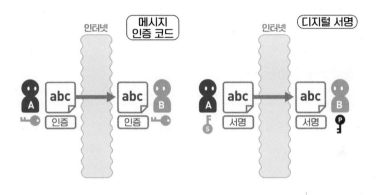

5장에서 배우는 내용

문제와 그에 대한 대응 기술을 정리하면 다음 표와 같습니다. 또한 디지털 서명 기술의 과제인 '공개키의 소유자를 식별할 수 없는 문제'를 해결하기 위해 디지털 증명서라는 기술도 사용합니다.

이 장에서는 이러한 각 보안 기술에 대해 자세히 살펴보겠습니다.

문제	해결 방법
❶ 도청	암호화
❷ 위장	메시지 인증 코드 혹은 디지털 서명
❸ 변조	
❹ 사후 부인	디지털 서명

No. 5-2 암호의 기본

현대 인터넷 사회에서 암호 기술은 필수 불가결합니다. 데이터를 암호화하고 복호화할 때 컴퓨터는 어떤 처리를 수행할까요? 이 절에서는 보안 관련 기술 중 **암호**의 필요성과 기본 원리에 대해 알아봅니다.

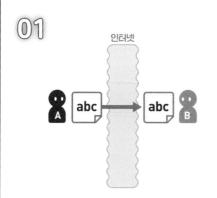

A가 B에게 인터넷으로 데이터를 보내려 합니다. 데이터는 인터넷상 다양한 네트워크와 기기를 거쳐서 B에게 도착합니다. 그림과 같이 데이터를 그대로 전송하면…

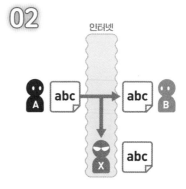

악의를 가진 제삼자가 데이터를 훔쳐볼 가능성이 있습니다.

따라서 비밀 데이터는 암호화해서 전송해야 합니다. 이러한 암호화 데이터를 **암호문**이라고 합니다.

04

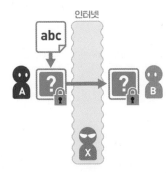

암호문을 B에게 전송합니다.

05

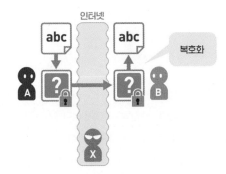

B는 A에게 받은 암호문의 암호를 해독하여 원본 데이터를 얻습니다. 암호문을 원본 데이터로 되돌리는 것을
복호화라고 합니다.

06

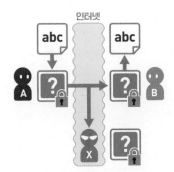

이처럼 데이터를 암호화하면 설령 악의를 가진 제삼자가 도청해도 안심할 수 있습니다.

지금까지 살펴본 것처럼 현대 인터넷 사회에서 암호화 기술은 무척 중요합니다. 여기서는 암호화가 구체적으로 어떻게 동작하는지 알아보겠습니다.

먼저 컴퓨터는 모든 데이터를 0과 1의 이진수로 관리합니다. 데이터는 텍스트, 음악, 이미지 등 다양한 형태가 있지만 컴퓨터 안에서는 다음 그림과 같이 전부 이진수 숫자로 관리됩니다.

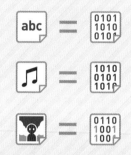

이를 바탕으로 데이터 암호화에 대해 생각해 보겠습니다.

컴퓨터에서 데이터는 의미를 지닌 숫자들의 나열입니다. 암호문도 숫자의 나열로 관리되지만, 컴퓨터가 해석할 수 없는 임의의 숫자로 구성되어 있습니다.

즉, 암호화란 데이터에 어떤 연산을 적용해서 컴퓨터가 해석할 수 없는 숫자로 바꾸는 것을 의미합니다.

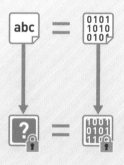

◎ 계속

암호화의 수치 계산은 '키'를 사용하는데 키 역시 숫자로 만들어집니다. 즉, 암호화란 키를 사용한 수치 계산을 통해 데이터의 내용을 제삼자가 해석할 수 없도록 변환하는 것입니다.

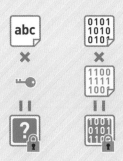

반대로, 복호화란 다음 그림과 같이 키를 이용한 수치 계산을 통해 암호문을 원래 데이터로 복원하는 것입니다.

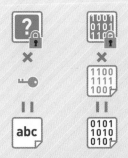

이처럼 악의를 지닌 제삼자가 이해할 수 없도록 데이터를 변환하고, 그것을 다시 원래대로 되돌리는 일련의 계산이 바로 암호화 기술입니다.

No. 5-3 해시 함수

해시 함수란 주어진 데이터를 고정된 길이의 불규칙한 값으로 변환하는 함수를 말합니다. 이렇게 얻은 불규칙한 값은 데이터의 요약이라는 의미로, 다양한 상황에 사용됩니다.

01

해시 함수의 이미지로 믹서기를 상상해 보세요. 이해하기 쉬울 것입니다.

02

데이터를 해시 함수에 입력하면…

03

7f0579bc2d

16진수는 0~9의 숫자와 a~f의 알파벳, 총 16개 문자를 사용하여 숫자를 표현합니다.

고정된 길이의 불규칙한 값을 출력합니다. 해시 함수는 데이터를 분해하는 기계라고 생각하면 됩니다. 출력된 불규칙한 값을 **해시값**이라고 합니다. 해시값은 숫자이며 16진수로 표기하는 경우가 많습니다.

04

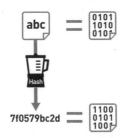

컴퓨터는 모든 데이터를 0과 1의 숫자로 구성된 이진수로 관리합니다. 해시값도 데이터이기 때문에 16진수로 표기해도 내부적으로는 이진수로 관리됩니다. 즉, 실제로 해시 함수는 컴퓨터 내부에서 일련의 수치 계산을 수행합니다.

05

이를 전제로 해시 함수의 특징을 살펴보겠습니다. 첫 번째, 출력하는 값의 데이터 길이가 일정합니다.

06

abcdefghijklmnop

4f07fa9e12

매우 큰 데이터를 입력해도 출력되는 해시값의 데이터 길이는 일정합니다.

07

b37cf3c041

마찬가지로 굉장히 작은 데이터를 입력해도 해시값의 데이터 길이는 동일합니다.

08

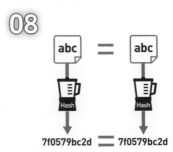

두 번째, 같은 입력에 대한 출력은 언제나 같습니다.

09

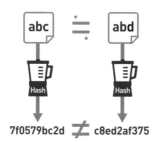

세 번째, 비슷한 데이터가 입력된다 해도 데이터가 1비트라도 다르다면 출력 결과는 크게 달라집니다. 비슷한 데이터를 입력한다고 해서 해시값도 비슷한 값이 나오지는 않습니다.

10

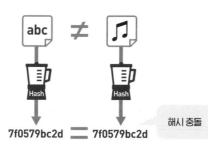

해시 충돌

네 번째, 완전히 다른 데이터를 입력해도 동일한 해시값이 되는 경우가 적은 확률이지만 발생합니다. 이를 **해시 충돌**이라고 합니다.

11

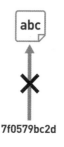

7f0579bc2d

다섯 번째, 해시값에서 원본 데이터를 역산하는 건 사실상 불가능합니다. 데이터의 입력과 출력의 흐름은 단방향이며, 이 점은 암호화와 완전히 다른 부분입니다.

원 포인트

해시 함수는 다양한 상황에서 사용됩니다. 이 책에서는 해시 함수가 사용되는 예로, 해시 테이블과 메시지 인증 코드에 대해 자세히 설명합니다.

▶ 참고 1-6 해시 테이블
▶ 참고 5-8 메시지 인증 코드

12

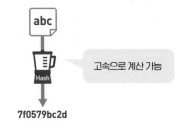

고속으로 계산 가능

7f0579bc2d

마지막으로, 해시값을 구하는 계산이 비교적 용이합니다.

해시 함수 알고리즘은 여러 가지가 있습니다. 대표적인 것으로 MD5[1], SHA-1[2], SHA-2 등이 있습니다. 현재는 SHA-2를 사용하는 것이 일반적입니다. MD5나 SHA-1은 안전성에 문제가 있어 사용을 권장하지 않습니다.

알고리즘에 따라 계산 방법이 다르지만, 예를 들어 SHA-1은 데이터에 덧셈이나 시프트 연산 등을 수백 회 반복 수행하여 해시값을 생성합니다.

이 절에서 같은 데이터를 입력하면 해시값이 같다고 설명했는데 이는 같은 알고리즘을 사용했을 때만 그렇습니다. 같은 데이터라도 알고리즘이 다르면 다른 해시값이 출력됩니다.

1 Message Digest Algorithm 5의 준말입니다.
2 SHA는 Secure Hash Algorithm의 준말입니다.

▼ 활용 사례

사용자가 입력한 비밀번호를 서버에 보존할 때도 해시 함수를 사용합니다.

비밀번호를 그대로 서버에 보존하면 제삼자가 저장된 비밀번호를 훔쳐볼 위험이 있습니다. 그래서 비밀번호의 해시값을 계산하여 그 값만 저장합니다. 그리고 사용자가 비밀번호를 입력했을 때 입력된 값의 해시값을 계산하여 데이터베이스의 해시값과 비교합니다. 설령 저장된 해시값을 누가 봤다고 해도 11에서 언급한 다섯 번째 특징에 의해 원래 비밀번호를 알 수는 없습니다.

이처럼 해시 함수를 사용하면 더 안전하게 비밀번호를 기반으로 한 사용자 인증 체계를 구현할 수 있습니다.

NO. 5-4 대칭키 암호 방식

데이터를 암호화하는 방식은 암호화와 복호화에 동일한 키를 사용하는 대칭키(공통키) 암호 방식과 다른 키를 사용하는 공개키 암호 방식으로 나눌 수 있습니다. 이 절에서는 대칭키 암호 방식의 원리와 그 문제점에 대해 알아보겠습니다.

01

대칭키 암호 방식은 암호화와 복호화에 동일한 키를 사용하는 암호 방식입니다.

02

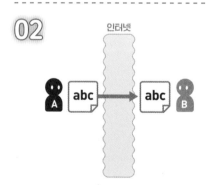

대칭키 암호 방식을 사용하여 데이터를 주고받는 과정을 살펴보겠습니다. A가 B에게 인터넷을 통해 데이터를 전송하려고 합니다.

03

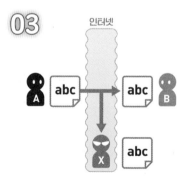

훔쳐볼 가능성이 있기 때문에 비밀 정보는 암호화해서 보내야 합니다.

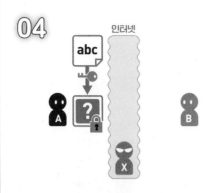

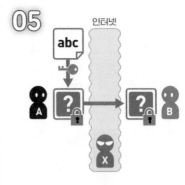

A는 키를 사용해 데이터를 암호화하여 암호문으로 바꿉니다.

A가 B에게 암호문을 전송합니다.

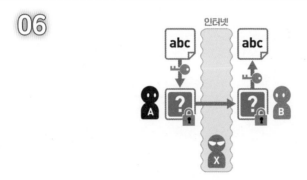

B는 A에게 받은 암호문을 동일한 키를 사용해 복호화합니다. 이렇게 B는 원래 데이터를 얻습니다. 데이터를 암호화해 두면 설령 악의를 품은 제삼자가 훔쳐봐도 안심할 수 있습니다.

지식 한입

대칭키 암호 방식에는 시저 암호(Caesar cipher), AES[3], DES[4], 원타임 패드(OTP: One Time Pad) 등이 있으며, 현재는 AES가 주로 사용됩니다.

3 Advanced Encryption Standard의 준말입니다.
4 Data Encryption Standard의 준말입니다.

07

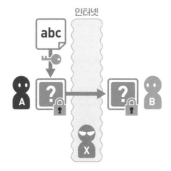

다음으로 대칭키 암호 방식의 문제점에 대해 생각해 봅시다. 시점을 잠시 앞으로 되돌려 보겠습니다. 현재 B는 A에게 암호문을 전달받았습니다.

08

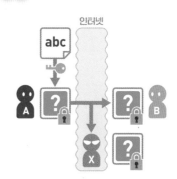

암호문은 X가 훔쳐봤을 가능성이 있습니다.

09

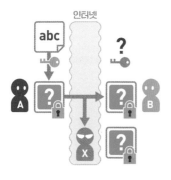

여기서 A와 B는 실제로 아는 사이가 아니며, B는 암호화에 사용된 키를 모른다고 해 봅시다.

10

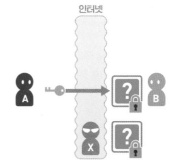

A는 어떻게 하든 반드시 B에게 키를 전달해야 합니다. 그래서 A는 암호문과 마찬가지로 인터넷으로 B에게 키를 전달합니다.

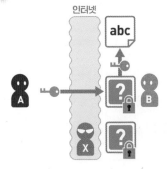

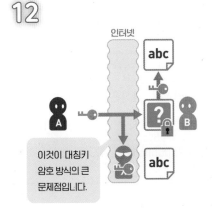

B는 A에게 받은 키를 사용하여 암호문을 복호화합니다.

하지만 이 키는 X가 훔쳐볼 가능성이 있습니다. X도 이 키를 사용해 암호문을 복호화할 수 있습니다.

해설

키를 훔쳐볼 위험이 있다면 키를 암호화해서 보내는 건 어떨까요? 하지만 이 경우에도 키를 암호화할 때 사용한 키를 보내야 하니 문제가 반복될 뿐입니다.

이처럼 대칭키 암호 방식은 키를 안전하게 전달하는 방법이 필요합니다. 이를 **키 배송 문제**라고 합니다.

해결 방법으로는 **키 교환 프로토콜**이나 **공개키 암호 방식**을 사용하는 두 가지 방법이 있으며, 이 책에서는 각각에 대해 자세히 살펴봅니다.

▶ 참고 5-5 공개키 암호 방식,
▶ 참고 5-7 디피-헬먼 키 교환법

지식 한입

2차 세계대전 당시 독일군이 사용한 **에니그마**는 대칭키 암호 방식의 암호기였습니다. 키는 한 달 단위로 표를 작성하여 교환했는데, 이것이 취약점이 되지는 않았습니다. 하지만 암호화된 메시지는 정해진 시간에 정해진 형태로 전달되는 특징이 있었고, 영국의 수학자 앨런 튜링이 이 특징을 이용하여 암호를 해독해 연합군의 승리에 크게 기여했습니다.

참고로 현대 암호화 알고리즘은 비슷한 정형문을 연속해서 보내도 해독이 어렵습니다.

No.

5-5 공개키 암호 방식

공개키 암호 방식은 암호화와 복호화에 서로 다른 키를 사용합니다. 암호화와 복호화에 다른 키를 사용하기 때문에 **비대칭키 암호**라고 부릅니다. 암호화에 사용하는 키를 **공개키**(public key), 복호화에 사용하는 키를 **비밀키**(secret key)라고 합니다.

01

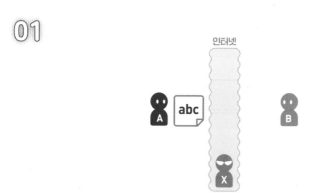

공개키 암호 방식을 사용하여 데이터를 주고받는 모습을 살펴보겠습니다. A가 B에게 인터넷으로 데이터를 보내려고 합니다.

- -

02

공개키는 P, 비밀키는 S로 표시합니다.

먼저 데이터를 받는 쪽인 B가 공개키🔑와 비밀키🔑를 만듭니다.

03

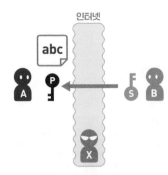

이 중 공개키를 A에게 전달합니다.

04

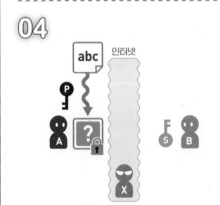

A는 B에게 전달받은 공개키를 사용하여 데이터를
암호화합니다.

05

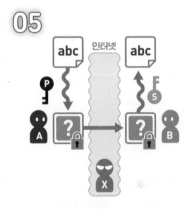

A는 암호문을 B에게 보내고, B는 전달받은 암호문
을 비밀키를 사용해 복호화합니다. 이렇게 B는 원
본 데이터를 얻는 데 성공합니다.

원 포인트

공개키 암호화의 구체적인 알고리즘으로는 **RSA 암호**나 **타원 곡선 암호** 등이 있으
며, 현재는 RSA 암호를 주로 사용합니다. RSA 암호는 개발자인 Rivest(Ron Rivest),
Sharmir(Adi Shamir), Adleman(Leonard Adleman)의 머리 글자를 따서 지은 명칭입
니다. 이 세 사람은 2002년에 튜링상을 수상했습니다.

06

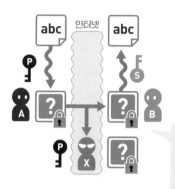

대칭키 암호 방식과 달리, 공개키 암호 방식에서는 키 전달 문제가 생기지 않습니다.

공개키도 암호문도 인터넷을 통해 전송되기 때문에 악의를 가진 제삼자 X가 훔쳐볼 가능성이 있습니다. 하지만 공개키로는 암호문을 복호화할 수 없기 때문에 X는 원본 데이터를 취득할 수 없습니다.

07

그 외에 공개키 암호 방식은 불특정 다수 간 통신에 활용하기 쉽다는 장점도 있습니다. 구체적으로 살펴보겠습니다. B는 미리 공개키와 비밀키를 준비합니다.

08

공개키는 다른 사람에게 알려져도 문제가 되지 않습니다. 따라서 B는 공개키를 인터넷에 공개해도 됩니다. 한편 비밀키는 다른 사람에게 알려지지 않도록 신중하게 관리해야 합니다.

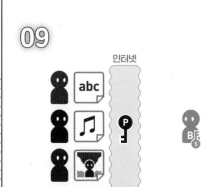

09

B에게 데이터를 전송하고 싶은 사람이 여러 명 있다고 합시다.

10

데이터를 전송하고 싶은 사람은 B가 공개한 공개키를 얻어…

11

전송하고 싶은 데이터를 암호화합니다.

12

그리고 암호문을 B에게 보냅니다.

원 포인트

대칭키 암호 방식에서는 통신에 참여하고 싶은 사람의 수가 늘어날수록 필요한 키의 개수가 매우 많이 늘어납니다. 이전 절에서 본 것처럼 2명인 경우에는 1개로 충분하지만, 5명인 경우에는 10개, 100명인 경우에는 4,950개가 필요합니다(n을 사람 수라고 하면 n(n-1)/2가 됩니다).

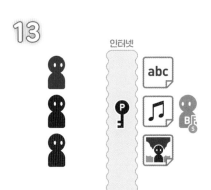

B는 전달받은 암호문을 비밀키를 사용해 복호화합니다. 이것으로 B는 원래 데이터를 취득합니다. 이처럼 데이터를 전송하는 사람마다 키를 준비하지 않아도 됩니다. 또한 공개되어서는 안 되는 키는 데이터를 받는 사람만 소유하기 때문에 안전합니다.

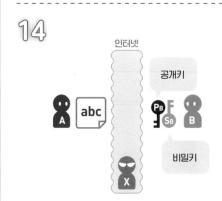

하지만 공개키 암호 방식에서는 공개키에 대한 신뢰성 문제가 있습니다. 잠시 B가 공개키와 비밀키를 작성한 시점으로 돌아가 보겠습니다. 이때 B가 작성한 공개키를 P_B 🔑, 비밀키를 S_B 🔑라 하고, 계속 설명하겠습니다.

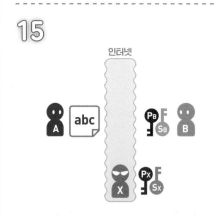

X는 A가 B에게 보내는 데이터를 훔쳐보려고 합니다. 공개키 P_X 🔑와 비밀키 S_X 🔑를 만듭니다.

B가 A에게 공개키 P_B를 전달할 때…

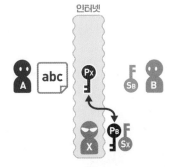

X가 공개키 P_B를 자신이 작성한 공개키 P_X로 바꿔치기하여…

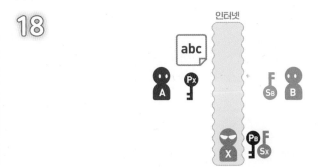

공개키 P_X를 A에게 전달합니다. 공개키 자체에는 누가 작성했는지 기록할 수 있는 수단이 없습니다. 따라서 A는 전달받은 공개키가 바꿔치기된 사실을 알 수 없습니다.

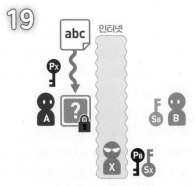

A는 공개키 P_X를 사용하여 데이터를 암호화하고 맙니다.

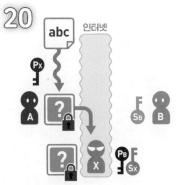

A가 B에게 암호문을 보낼 때, X가 암호문을 전달받습니다.

21

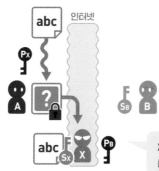

이 암호문은 X가 준비한 공개키 P$_X$로 암호화 되었기 때문에, X가 가지고 있는 비밀키 S$_X$로 복호화할 수 있습니다.

X는 A가 B에게 보내려던 데이터를 훔쳐보는 것에 성공합니다.

22

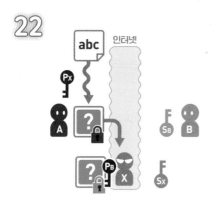

이어서 X는 B의 공개키 P$_B$로 데이터를 암호화 합니다.

23

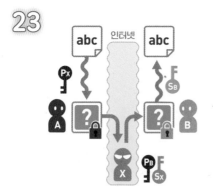

X는 작성한 암호문을 B에게 전달합니다. 이 암 호문은 B가 준비한 공개키 P$_B$로 작성되었기 때문에, B는 수중에 있는 비밀키 S$_B$로 복호화 할 수 있습니다. B는 아무 문제없이 전달받은 암호문을 복호화했기 때문에 누군가가 데이터 를 훔쳐봤다고는 꿈에도 생각하지 못합니다. 이처럼 도중에 공개키를 바꿔치기하여 데이터 를 훔쳐보는 공격 수법을 **중간자 공격**(man in the middle)이라고 합니다.

공개키의 신뢰성 문제는 A가 전달받은 공개키의 작성자가 B인지 아닌지를 판단할 수 없기 때문에
벌어집니다. 이 문제를 해결하기 위해 뒤에서 설명할 **디지털 서명**을 사용합니다.

공개키 암호 방식의 또 다른 문제점은 암호화와 복호화에 시간이 오래 걸린다는 점입니다. 따라서
작은 데이터를 연속으로 주고받는 상황에는 적합하지 않습니다. 이 문제를 해결하기 위해 **하이브
리드 암호 방식**을 사용합니다.

▶ 참고 5-6 하이브리드 암호 방식

▶ 참고 5-10 디지털 서명

해설

공개키 암호 방식을 구현한 구체적인 알고리즘을 찾는 것은 쉽지 않습니다. 암호 계산 과정에서 필
요한 조건을 정리해 보면,

1. 어떤 숫자를 사용해 데이터를 암호화해야 하고,

2. 다른 숫자를 사용해 원래 데이터로 되돌릴 수 있어야 하며,

3. 한 쪽의 키로 다른 한쪽의 키를 추측할 수 없는 연산

이어야 합니다. 이러한 조건을 만족하는 알고리즘을 찾는 것이 쉽지 않다는 것은 조금만 생각해 봐
도 알 수 있습니다. 따라서 RSA 암호와 같이 구체적인 공개키 암호 방식을 구현한 알고리즘이 발견
된 것은 현대의 인터넷 보안에 굉장히 큰 의미가 있습니다.

NO.

5-6

하이브리드 암호 방식

대칭키 암호 방식에서는 키를 안전하게 주고받기 위한 키 배송 문제가 있었습니다.
공개키 암호 방식에서는 암호화와 복호화 처리 속도가 느리다는 문제가 있었습니다.
하이브리드 암호 방식에서는 두 방식을 조합하여 단점을 보완합니다.

▶ 참고 5-4 대칭키 암호 방식
▶ 참고 5-5 공개키 암호 방식

01

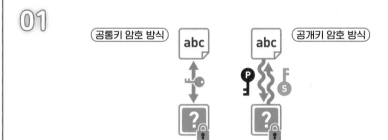

하이브리드 암호 방식은 데이터를 암호화할 때 처리 속도가 빠른 대칭키 암호 방식을 사용합니다. 이때 대칭키 암호 방식에서 사용하는 키는 키 배송이 필요하지 않은 공개키 암호 방식을 사용하여 주고받습니다.

02

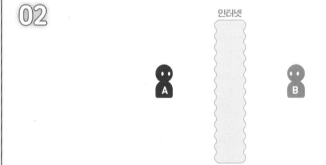

하이브리드 암호 방식에 대해 구체적으로 살펴보겠습니다. A가 B에게 인터넷으로 데이터를 보내려고 합니다.

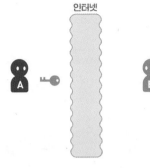

데이터는 처리 속도가 빠른 대칭키 암호 방식을 사용하여 암호화합니다. 암호화에 사용한 키는 복호화에 필요하기 때문에, A는 B에게 키를 전송해야 합니다.

키는 공개키 암호 방식으로 암호화하여 안전하게 B에게 보낼 수 있습니다. 수신자인 B가 공개키와 비밀키를 작성합니다.

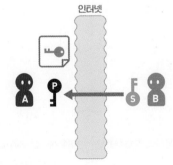

B는 A에게 공개키를 전송합니다.

A는 B에게 받은 공개키를 사용하여 대칭키 암호
방식에 사용할 키를 암호화합니다.

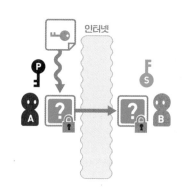

A는 B에게 암호화한 키를 전송합니다.

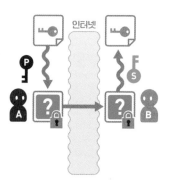

B는 암호화된 키를 비밀키를 사용하여 복호화합
니다.

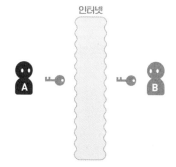

이렇게 A는 B에게 대칭키 암호 방식에서 사용할
키를 안전하게 전달할 수 있습니다.

10

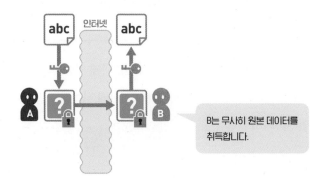

B는 무사히 원본 데이터를 취득합니다.

이제 이 키를 사용해 암호화된 데이터를 보내면 됩니다. 데이터를 암호화할 때는 처리 속도가 빠른 대칭키 암호 방식을 사용합니다.

이처럼 하이브리드 암호 방식은 안전성과 빠른 처리 속도를 모두 만족합니다. 하이브리드 암호 방식은 인터넷에서 안전하게 정보를 주고받기 위한 프로토콜인 SSL에 사용됩니다.

SSL(Secure Socket Layer)은 현재 버전 업되어 **TLS**(Transport Layer Security)가 정식 명칭입니다. 하지만 이미 SSL이라는 명칭이 정착되었기 때문에 SSL이라고 부르거나 SSL/TLS라고 병기하는 경우가 많습니다.

No.
5-7

디피-헬먼 키 교환법

디피–헬먼 키 교환법은 두 사람이 안전하게 키를 교환하는 기법입니다. 두 사람이 공유할 비밀의 수를 공개된 숫자와의 연산에 섞어 넣음으로써 두 사람 사이의 대칭키를 안전하게 교환합니다.

01

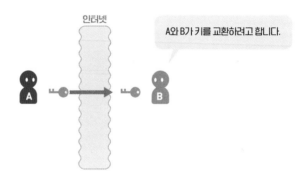

수식을 설명하기 전에 먼저 그림으로 개념을 파악해 보겠습니다.

- -

02

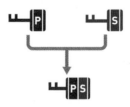

두 키를 합성하는 특별한 방법이 있다고 가정해 봅시다. 그 합성 방법으로 P와 S를 합성하면 P와 S를 성분으로 구성된 새로운 키 P–S가 만들어집니다.

03

키는 합성할 수는 있어도 분해할 수는 없습니다.

이 합성 방법에는 세 가지 특징이 있습니다. 첫 번째, P와 이를 사용하여 합성된 P–S가 있더라도 S를 추출하는 것은 불가능합니다.

- -

04

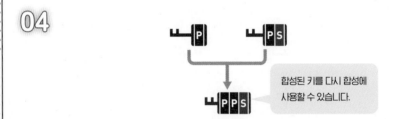

합성된 키를 다시 합성에 사용할 수 있습니다.

두 번째, 키를 합성해 만든 키도 새로운 키의 합성 요소로 사용할 수 있습니다. 그림에서는 P와 P–S를 사용해 새로운 키 P–P–S를 만들고 있습니다.

- -

05

세 번째, 키의 합성 결과는 순서와 상관없이 어떤 키를 사용했는지에 따릅니다. 예를 들어 B와 C를 합성해서 B–C를 만들고, 이어서 A와 B–C를 합성해서 A–B–C를 만들었다고 합시다. 그리고 A와 C를 합성해서 A–C를 만들고, 이어서 B와 A–C를 합성해서 B–A–C를 만들었습니다. 이때 A–B–C와 B–A–C는 동일한 키입니다.

P는 제삼자에게 알려져도 무방합니다.

이 합성 방법을 사용하여 A와 B 사이에 안전하게 키를 교환해 보겠습니다. 먼저 A가 키 P를 준비합니다.

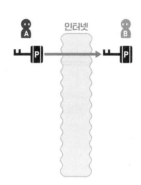

A가 B에게 P를 전송합니다.

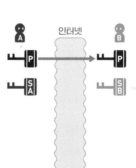

SA랑 SB는 타인에게 알려지지 않도록 관리해야 합니다.

이어서 A와 B는 각각 비밀키 SA와 SB를 준비합니다.

09

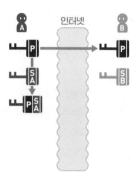

A는 P와 비밀키 SA를 바탕으로 새로운 키 P-SA 를 합성합니다.

10

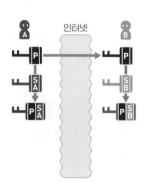

마찬가지로 B도 P와 비밀키 SB를 사용해 새로운 키 P-SB를 합성합니다.

11

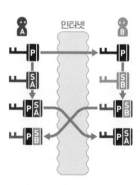

A가 B에게 P-SA를 전송합니다. 마찬가지로 B도 A에게 P-SB를 전송합니다.

12

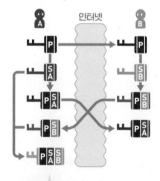

합성은 순서에 의존하지 않기 때문에 SA-P-SB와 P-SA-SB는 같은 키입니다.

A는 자신의 비밀키 SA와 B에게 받은 키 P-SB를 합성해서 새로운 키 SA-P-SB를 만듭니다.

13

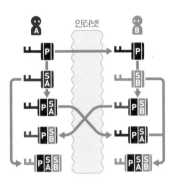

마찬가지로 B도 자신의 비밀키 SB와 A에게 받은 키 P-SA를 합성해 새로운 키 P-SA-SB를 만듭니다. A도 B도 키 P-SA-SB를 얻었습니다. 이 키를 암호키, 복호화키로 사용합니다.

14

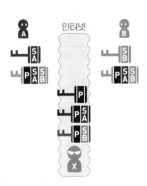

이 키 교환 방법의 안정성을 검증해 봅시다. P, P-SA, P-SB는 인터넷을 통해 전송되기 때문에 악의를 가진 제삼자 X가 훔쳐볼 수 있습니다.

15

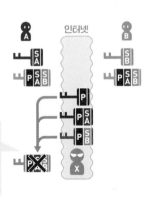

키는 분해할 수 없기 때문에 비밀키 SA와 SB를 얻을 수 없습니다.

하지만 X가 얻은 키로는 P-SA-SB를 합성할 수 없습니다. 따라서 X는 P-SA-SB를 만들 수 없고, 이 교환 방법은 안전하다는 것을 알 수 있습니다.

16

$$\text{🔑P} = P, G$$

소수 P의 생성자는 모든 소수 P에 대해 일정 수 존재합니다.

이번에는 이 키 교환 방식을 수식으로 표현해 보겠습니다.

맨 처음 만들어지는 공개 가능한 키 P는 수식상 P, G라는 두 정수로 표현합니다. P는 굉장히 큰 소수입니다.

그리고 G는 소수 P에 대한 **생성자**(또는 **원시근**(primitive root))라고 부르는 수에서 하나를 선택합니다.

17

A   B
P,G

먼저 A가 소수 P와 생성자 G를 준비합니다. 이 값들은 제삼자에게 노출되어도 문제가 되지 않습니다.

18

A ⟶ B
P,G ⟶ P,G

A가 소수 P와 생성자 G를 B에게 전송합니다.

19

이어서 A와 B는 각각 비밀값 X와 Y를 준비합니다. 비밀값 X와 Y는 P−2보다 작아야 합니다.

20

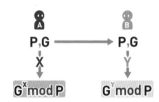

A와 B는 각각 '(G의 비밀값(X 또는 Y)제곱) mod P'를 계산합니다. mod 연산은 나눗셈의 나머지를 구하는 연산입니다. 'G mod P'는 G를 P로 나눴을 때의 나머지를 의미합니다. 이 계산이 개념상 합성에 해당합니다.

21

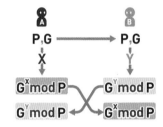

A와 B는 계산 결과를 서로에게 전송합니다.

22

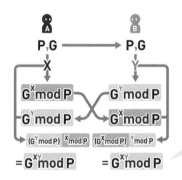

이것으로 A와 B는 암호에 사용할 수 있는, 키가 되는 숫자를 공유했습니다.

A와 B는 상대로부터 받은 숫자를 자신의 비밀값으로 제곱하고 mod P를 계산합니다. 이 계산 결과는 A와 B 모두 같은 값을 얻습니다.

23

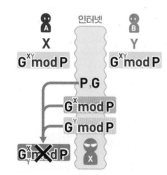

키 교환법의 안정성을 검증해 봅시다. X가 통신을 훔쳐보고 얻은 숫자로는 A와 B가 공유한 숫자를 계산할 수 없습니다. 또한 비밀값 X와 Y를 구하는 것도 불가능합니다. 따라서 디피-헬먼 키 교환법은 안전하다고 할 수 있습니다.

디피-헬먼 키 교환법은 디피(Whitfield Diffie)와 헬먼(Martin Hellman)이 제안했습니다. 두 사람은 2015년에 튜링상을 수상했습니다. 소수 P, 생성자 G, G의 비밀값(X)제곱 mod P에서 X를 구하는 문제는 **이산대수 문제**라고 부르며, 아직 효율적인 해법이 발견되지 않았습니다. 디피-헬먼 키 교환법은 이 수학 난제를 이용한 키 교환법입니다.

보충 자료

디피-헬먼 키 교환법은 공개해도 괜찮은 정보를 서로 교환함으로써 두 사람이 키를 교환할 수 있는 방법입니다. 실제로는 키를 교환하는 것이 아니라 생성하는 것이므로, **디피-헬먼 키 합의**라고 부르기도 합니다.

NO. 5-8 메시지 인증 코드

메시지 인증 코드는 **인증**과 **변조 검출**이라는 두 가지 기능을 제공합니다. 암호문이라도 도중에 내용이 변조되어 다른 내용으로 복호화됨으로써 오해가 발생할 위험이 있습니다. 이를 막아 주는 것이 메시지 인증 코드입니다.

01

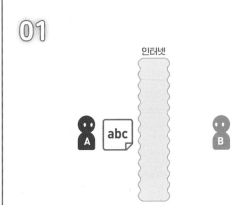

먼저 메시지 인증 코드가 필요한 상황을 살펴보겠습니다. A가 B에게 상품을 구매하기 위해 상품 번호를 의미하는 'abc'라는 메시지를 보내려고 합니다.

02

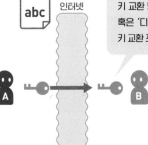

키 교환 방식으로는 '공개키 암호 방식' 혹은 '디피-헬먼 키 교환 방식'과 같은 키 교환 프로토콜을 사용합니다.

여기서 A가 메시지를 암호화합니다. 암호화할 때는 대칭키 암호 방식을 사용한다고 가정합니다. A는 안전한 방법으로 B에게 키를 전달합니다.

▶ 참고 5-4 대칭키 암호 방식
▶ 참고 5-5 공개키 암호 방식
▶ 참고 5-7 디피-헬먼 키 교환법

03

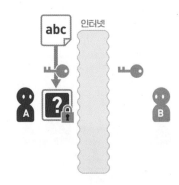

A는 공유한 키를 사용하여 메시지를 암호문으로 만듭니다.

04

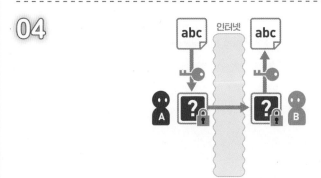

A는 암호문을 B에게 전송하고 B는 전달받은 암호문을 복호화합니다. B는 메시지인 상품 번호 'abc'를 취득합니다.

05

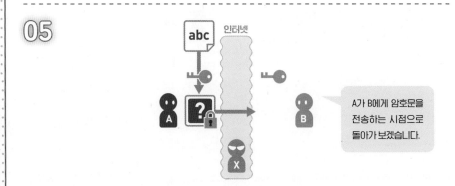

A가 B에게 암호문을 전송하는 시점으로 돌아가 보겠습니다.

지금까지는 문제가 발생하지 않는 경우인데, 다음과 같은 일이 발생할 수 있습니다.

06

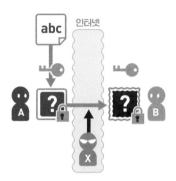

A가 B에게 전송하는 암호문을 악의를 가진 X가 통신 도중에 변조했더라도, 암호문을 수령한 B는 이것이 변조된 것인지 알 수 없습니다.

07

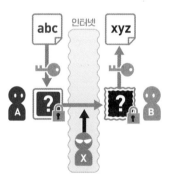

B가 변조된 암호문을 복호화하면 메시지가 'xyz'로 바뀌어 있습니다.

08

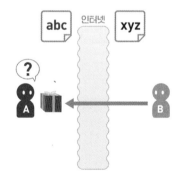

B는 'xyz'가 주문된 상품 번호라고 믿고 A에게 잘못된 상품을 발송합니다.

메시지 인증 코드를 사용하면 이러한 메시지 변조를 감지할 수 있습니다. 실제 흐름을 살펴보기 위해 A가 B에게 암호문을 전송하는 시점으로 돌아가 보겠습니다.

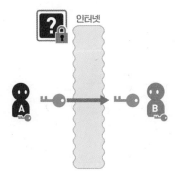

A는 메시지 인증 코드를 작성하기 위한 키를 만들어 안전한 방법으로 B에게 키를 전송합니다.

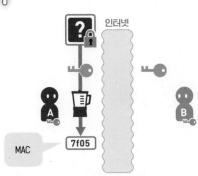

이어서 A는 암호문과 키를 사용하여 어떤 값을 만듭니다. 여기서는 7f05 라는 값이 만들어졌다고 하겠습니다. 이 키와 암호문을 조합하여 만든 값을 메시지 인증 코드라고 부릅니다. 메시지 인증 코드는 영어로 **MAC**(Message Authentication Code)이라고 합니다. 앞으로는 MAC 이라고 표기하겠습니다.

12

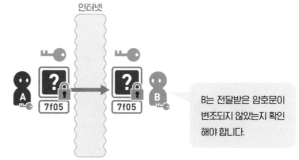

A는 B에게 자신이 만든 MAC, 7f05를 암호문과 함께 전송합니다.

13

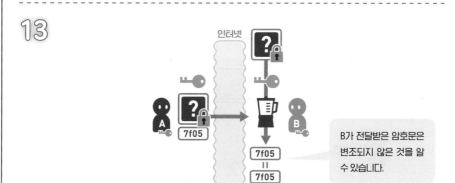

A와 마찬가지로 B도 암호문과 키를 사용하여 MAC을 만듭니다. B가 스스로 계산한 7f05와 A에게 전달받은 7f05가 일치하는 것을 확인합니다.

14

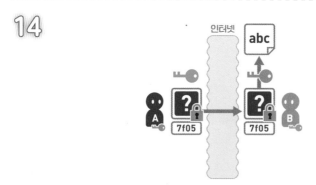

이제 암호문을 위한 키를 사용하여 복호화합니다. 그러면 A가 주문한 상품 번호인 'abc'라는 메시지를 무사히 획득합니다.

원 포인트

MAC은 키와 암호문을 조합한 문자열의 해시값이라고 생각하면 됩니다. MAC의 작성 방법으로는 HMAC[5], OMAC[6], CMAC[7] 등 몇 가지가 있습니다. 현재는 HMAC을 주로 사용합니다.

▶ 참고 5-3 해시 함수

5 Hash-based MAC
6 One-key MAC
7 Cipher-based MAC

15

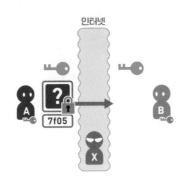

만약 악의를 가진 X가 통신 도중에 암호문을 변조하면 어떻게 되는지 살펴보겠습니다. A가 B에게 암호문을 보내는 시점으로 돌아가 보겠습니다.

16

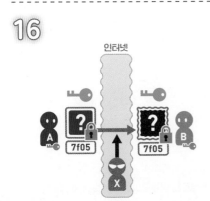

A가 B에게 보내는 암호문과 MAC 중 암호문을 X가 변조했다고 가정합시다.

17

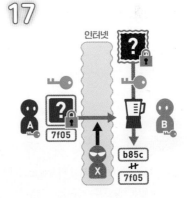

B가 암호문으로 MAC을 계산하면 b85c가 나옵니다. A에게 받은 MAC 7f05와 일치하지 않습니다.

18

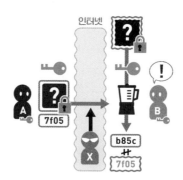

이로써 B는 암호문이나 MAC, 혹은 둘 다 변조되었을 가능성이 있음을 알게 됩니다. B는 A에게 받은 암호문과 MAC을 파기하고 A에게 다시 전송해 달라고 요청합니다.

암호는 어디까지나 수치 계산 처리에 불과하기 때문에 변조된 암호문이어도 복호화 계산을 할 수 있습니다. 원래 메시지가 긴 문장일 경우에는 변조되면 의미가 맞지 않아 변조를 눈치챌 가능성이 있지만, 상품 번호처럼 사람이 직접 이해할 수 없는 데이터일 경우에는 복호화한 뒤 변조되었는지 알아채기 어렵습니다. 암호화만으로는 변조를 감지할 수 없기 때문에 메시지 인증 코드가 필요합니다.

▼ 보충 자료

이 절에서는 MAC으로 암호문의 변조를 발견하는 흐름을 살펴봤습니다. 여기서 조금 더 생각해 봅시다. X가 변조한 암호문과 일치하도록 MAC을 변조하는 것도 가능할까요?

X는 MAC을 계산하기 위한 키를 가지고 있지 않기 때문에 변조한 암호문과 일치하게 MAC을 변조하는 것은 불가능합니다. B가 MAC을 다시 계산하면 변조된 암호문의 MAC과 일치하지 않으므로 통신 중 어떠한 변조가 발생했음을 알게 됩니다.

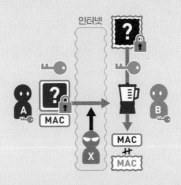

이처럼 메시지 인증 코드라는 MAC을 사용하면 통신 변조를 막을 수 있습니다. 하지만 여기에도 결점이 있습니다.

메시지 인증 코드에서는 A와 B 양쪽 다 메시지를 암호화해 MAC을 계산할 수 있습니다. 즉, 메시지를 작성한 것이 A인지 B인지를 증명할 수가 없습니다.

이를테면 A가 악의를 가진 경우 메시지를 보낸 뒤 그것은 B가 날조한 메시지라고 주장하며 보낸 것을 사후에 부인하는 것이 가능합니다. 그리고 B에게 악의가 있는 경우에는 스스로 메시지를 만든 뒤 이것은 A가 보낸 메시지라고 주장하는 것이 가능합니다.

MAC은 작성자도 검증자도 같은 키를 가지고 있기 때문에 그중 누가 MAC을 만들었는지 구별할 수가 없습니다. 이러한 문제를 해결하는 것이 다음 절에서 설명하는 디지털 서명입니다.

▶ 참고 5-9 디지털 서명

NO.

5-9 디지털 서명

디지털 서명은 메시지 인증 코드가 제공하는 **인증**과 **변조 검출**이라는 두 가지 기능뿐 아니라 **사후 부인**도 방지하는 메커니즘입니다. 메시지 인증 코드는 대칭키를 사용하는 구조이기 때문에 키를 가진 수신자도 메시지의 전송자일 가능성이 있어 사후 부인 문제를 막을 수 없습니다. 그러나 디지털 서명 구조는 전송자만 작성할 수 있는 **디지털 서명**이라는 데이터를 사용하여 메시지 작성자를 특정할 수 있습니다.

▶ 참고 5-8 메시지 인증 코드

먼저 디지털 서명의 특징을 살펴보겠습니다. A가 B에게 메시지를 보내고자 합니다.

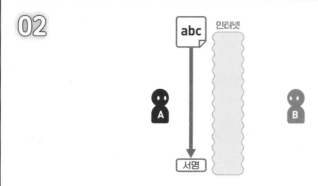

이때 디지털 서명을 부여합니다. 디지털 서명은 A만 만들 수 있습니다.

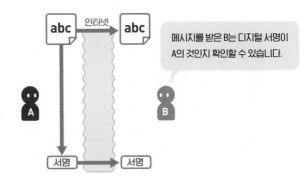

03

> 메시지를 받은 B는 디지털 서명이 A의 것인지 확인할 수 있습니다.

A의 디지털 서명이 부여된 메시지가 전송된 경우 보낸 사람이 A인 것이 보증됩니다.

04

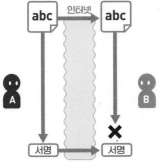

B는 디지털 서명의 정당성을 검증할 수 있지만, 디지털 서명을 만들 수는 없습니다.

05

그러면 디지털 서명을 만드는 방법에 대해 구체적으로 살펴보겠습니다. 디지털 서명 작성에는 공개 키 암호 방식을 응용합니다.

▶ 참고 5-5 공개키 암호 방식

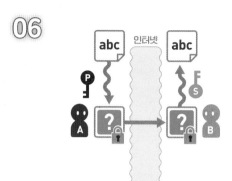

여기서 잠시 복습해 보겠습니다. 공개키 암호 방식에서는 암호화에 공개키🔑를 사용했고 복호화에 비밀키🔑를 사용했습니다. 공개키를 사용해 누구라도 데이터를 암호화할 수 있지만, 비밀키를 가진 사람만 복호화할 수 있습니다. 디지털 서명에서는 이 흐름이 반대입니다.

그러면 디지털 서명을 사용한 메시지 통신의 흐름을 살펴보겠습니다. 먼저 A가 보내고 싶은 메시지와 비밀키, 공개키를 준비합니다. 메시지를 보내는 쪽에서 비밀키와 공개키를 준비한다는 점이 공개키 암호 방식과 다릅니다.

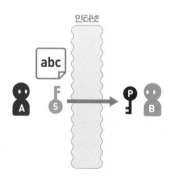

A가 B에게 공개키를 전달합니다.

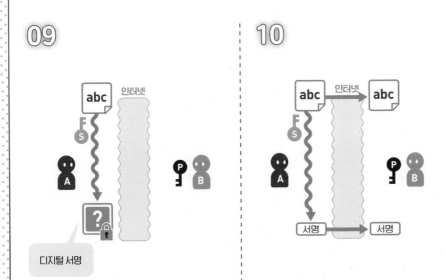

A는 비밀키를 사용하여 메시지를 암호화합니다.
이 메시지를 암호화한 것이 디지털 서명입니다.

A는 B에게 메시지와 서명을 전송합니다.

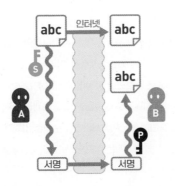

B는 공개키를 사용하여 암호문(서명)을 복호화합니다.

12

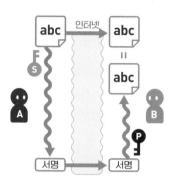

B는 복호화한 메시지와 받은 메시지가 일치하는지 확인합니다. 이것으로 통신이 완료됩니다.

07~12의 과정에서 '비밀키를 가진 A만 암호화할 수 있지만, 누구나 공개키를 사용해 복호화할 수 있는 암호문'이 작성됩니다. 이것은 암호로써 아무런 의미가 없습니다. 하지만 달리 보면 이 암호문의 작성자가 비밀키를 가진 A임이 보증되는 구조입니다.

디지털 서명에서는 A만 만들 수 있는 이 암호문을 서명으로 활용합니다. 엄밀히 말하면 서명 작성에 암호화와 다른 계산 방법이 사용되는 경우도 있습니다. 하지만 서명 작성에 비밀키를 사용하고, 서명 검증에 공개키를 사용하는 점은 동일하기 때문에 여기서는 편의상 그렇게 설명했습니다.

공개키 암호 방식에서는 공개키로 암호화한 것을 비밀키로 복호화하면 원래 데이터를 얻습니다. 이 절에서 설명한 디지털 서명은 비밀키로 암호화한 것을 공개키로 복호화하면 원래 메시지와 같아진다는 성질을 이용하고 있습니다. 즉, 키를 사용하는 순서를 바꿔도 똑같이 동작하는 것입니다. 모든 공개키 암호 방식이 이 성질을 가지지는 않지만, 이를테면 RSA 암호 방식은 이 성질을 만족합니다.

A의 공개키로 복호화할 수 있는 암호문은 A만 만들 수 있습니다. 따라서 메시지의 전송자가 A인 것과 메시지가 변조되지 않았음을 확인할 수 있습니다.

또한 공개키만 가지고 있는 B가 A의 서명을 만들 수는 없기 때문에 사후 부인도 방지할 수 있습니다.

▼ 보충 자료

공개키 암호 방식은 암호화에도 복호화에도 시간이 오래 걸리는 경향이 있습니다. 계산 시간을 단축하기 위해 실제로는 메시지를 직접 암호화하는 것이 아니라, 먼저 메시지의 해시값을 구한 뒤 그 해시값을 암호화하여 서명에 사용합니다.　　　　　　　　　　　　　▶ 참고 5-3 해시 함수

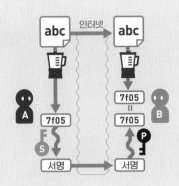

인증, 변조 검출, 부인 방지 기능을 갖춘 디지털 서명이지만 한 가지 문제점이 있습니다.

B는 디지털 서명을 사용한 통신에서 메시지 전송자가 A라고 믿지만 실제로는 A를 가장한 악의를 가진 X와 통신할 가능성이 없지 않습니다.

그 근본적 원인은 공개키 암호 방식에서 공개키가 누구의 것인지 모르기 때문입니다. 전달받은 공개키에는 작성자에 대한 정보가 일절 포함되어 있지 않습니다. 따라서 A를 가장한 다른 누군가가 작성한 공개키일 가능성이 있습니다.

이 문제는 다음 절에서 설명하는 디지털 인증서로 해결할 수 있습니다.

　　　　　　　　　　　　　　　　　　　　　　　▶ 참고 5-10 디지털 인증서

No. 5-10 디지털 인증서

공개키 암호화 방식이나 디지털 서명에는 공개키가 정말로 상대의 것인지 보증되지 않는 문제가 있습니다. 따라서 악의를 가진 제삼자가 공개키를 바꿔치기해도 받는 쪽에서는 알 수가 없습니다. 이 절에서 설명하는 디지털 인증서를 사용하면 공개키의 정당성을 보증할 수 있습니다.

A는 공개키 P_A 와 비밀키 S_A 를 쌍으로 가지고 있고, 공개키 P_A를 B에게 보내려고 합니다.

A는 먼저 인증 기관(CA: Certification Authority)에 공개키 P_A가 자신의 것이라는 인증서 발행을 요청합니다.

인증 기관은 자체적으로 준비한 공개키 P_C 와 비밀키 S_C 를 보유하고 있습니다.

A는 공개키 P_A와 메일 주소를 포함한 개인 정보를 인증 기관에 보냅니다.

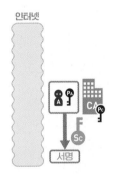

서명

인증 기관은 전송된 정보가 틀림없이 A의 것임을 확인합니다. 확인이 완료되면 인증 기관의 비밀키 S_C를 사용해 A의 데이터를 바탕으로 디지털 서명을 작성합니다.

원 포인트

인증 기관은 디지털 인증서를 관리하는 조직입니다. 원칙적으로 누구나 인증 기관이 될 수 있기 때문에 많은 인증 기관이 존재하지만, 정부나 감사를 받은 대기업처럼 신뢰할 수 있는 조직을 이용하는 것이 안전합니다.

06

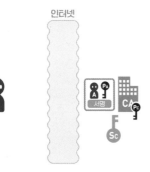

인증 기관은 작성한 디지털 서명과 데이터를 하나의 파일로 만듭니다.

07

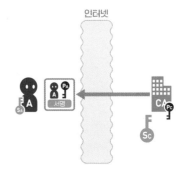

이어서 인증 기관은 A에게 파일을 전송합니다.

08

이 파일이 A의 디지털 인증서가 됩니다.

09

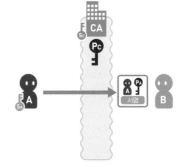

A는 공개키 대신 디지털 인증서를 B에게 보냅니다.

10

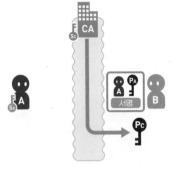

B는 전달받은 인증서에 쓰인 메일 주소가 A의 것임을 확인합니다. 이어서 B는 인증 기관의 공개키를 가져옵니다.

11

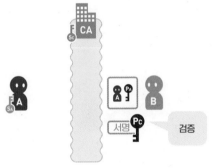

B는 인증서 내 서명이 인증 기관의 것인지 검증합니다. 인증서의 서명은 인증 기관의 공개키 PC로만 검증할 수 있습니다. 검증 결과에 문제가 없으면 이 인증서는 확실히 인증 기관이 발행했다는 뜻입니다.

12

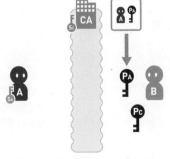

인증서가 인증 기관이 발행한 것이고 A의 것임을 확인했으므로, 인증서에서 A의 공개키 PA를 가져옵니다. 이것으로 A에서 B로 공개키 전달이 완료됩니다.

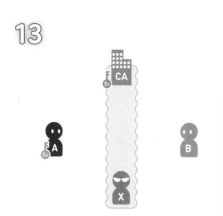

공개키를 전달하는 과정에서 문제가 없는지 살펴
봅시다.

악의를 가진 X가 A로 위장하여 B에게 공개키 Px
를 전달하려 합니다.

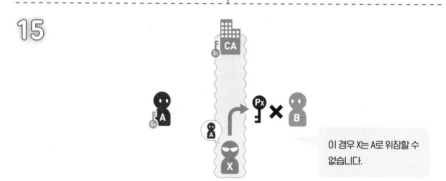

이 경우 X는 A로 위장할 수
없습니다.

하지만 B는 인증서로 전달되지 않은 공개키를 신뢰할 필요가 없습니다.

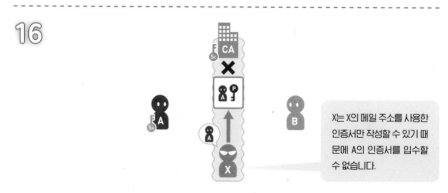

X는 X의 메일 주소를 사용한
인증서만 작성할 수 있기 때
문에 A의 인증서를 입수할
수 없습니다.

X가 A로 위장하여 자신의 공개키를 인증 기관에 등록하려고 하면 어떻게 될까요? X는 A의 메일 주소가 없
기 때문에 인증서를 발행할 수 없습니다.

해설

디지털 인증서를 통해 공개키의 작성자를 확인할 수 있음을 알았습니다. ⑩에서 B는 인증 기관의 공개키를 가져왔는데 여기서 한 가지 의문이 생깁니다. B가 가져온 공개키 Pc는 정말로 인증 기관이 작성한 것일까요?

공개키 자체로는 작성자를 확인할 수 없기 때문에 인증 기관으로 위장한 X가 작성한 것일지도 모릅니다. 즉, 공개키에 관련된 동일한 문제가 여기서도 발생하는 것입니다.

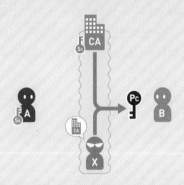

실은 이 인증 기관의 공개키 Pc도 디지털 인증서로 전달됩니다. 이 인증 기관의 인증서를 누가 서명했는가 하면 상위 인증 기관입니다.

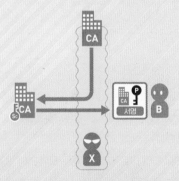

인증 기관은 다음 그림과 같이 트리 구조로 되어 있어 상위 인증 기관이 하위 인증 기관의 인증서를 작성합니다.

◆ 계속

어떻게 인증 기관이 트리 구조로 구성될 수 있는지 알아봅시다. 예를 들어 사회적으로 넓게 신뢰받는 인증 기관 A가 있다고 하겠습니다. 그리고 새로운 회사 B가 인증 기관 서비스를 시작하고 싶은데 사회적 신용이 없는 상태입니다.

그래서 B는 A에게 디지털 인증서의 발행을 부탁합니다. 물론 A는 B가 인증 기관의 업무를 제대로 수행하는지 확인합니다. 디지털 인증서가 발행되면 B는 A의 신뢰를 얻은 회사임을 홍보합니다. 이렇게 해서 더 커다란 조직이 작은 조직의 신뢰를 담보하는 형태로 트리 구조가 구성됩니다.

최상위 인증 기관을 **루트 인증 기관**이라고 하며 자신의 정당성을 스스로 증명합니다. 이때 루트 인증 기관이 자신을 인증하는 인증서를 **루트 인증서**라고 합니다. 루트 인증 기관은 조직 자체가 신뢰할 만한 곳이어야 합니다. 따라서 대기업이나 정부 기관처럼 이미 사회적으로 신뢰를 얻은 곳이 많습니다.

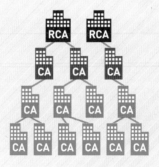

▼ 보충 자료

지금까지 개인 간 공개키 교환 방법에 대해 살펴봤습니다. 디지털 인증서는 웹사이트와 통신할 때도 사용됩니다. 웹사이트로부터 공개키가 포함된 증명서를 전달받으면 이 사이트가 제삼자에 의해 위장된 것인지 여부를 확인할 수 있습니다.

이 증명서를 **서버 증명서**라고 하며 마찬가지로 인증 기관에 의해 발행됩니다. 개인의 경우 증명서가 메일 주소와 묶이지만 서버 증명서의 경우에는 도메인과 묶입니다. 즉, 웹사이트의 도메인을 관리하는 조직과 웹사이트의 서버를 관리하는 조직이 동일하다는 것을 확인할 수 있습니다.

이처럼 디지털 증명서는 인증 기관을 통해 공개키 작성자를 보증하는 사회적 장치입니다. 이러한 일련의 구성을 **공개키 기반 구조**(PKI: Public Key Infrastructure)라고 합니다.

제 **6** 장

클러스터링

No. 6-1   클러스터링이란?

비슷한 것들끼리 분류하기

클러스터링이란 많은 데이터가 주어졌을 때 비슷한 것끼리 같은 그룹으로 분류하는 것을 말합니다. 여기서 각 그룹을 클러스터라고 합니다. 다음 예시 그림에서는 각 점이 데이터를, 평면상에서 가까운 위치에 있는 점들이 비슷한 데이터를 의미합니다. 이 데이터들을 클러스터 세 개로 분류하고 있습니다.

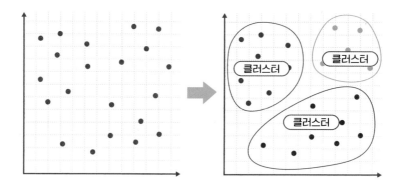

비슷한 것을 어떻게 정할까?

• 데이터 간 거리 정의하기

무엇을 기준으로 비슷하다고 할지는 다루는 데이터에 따라 달라집니다. 구체적으로는 두 데이터 간 거리를 정의해야 합니다. 예를 들어 보겠습니다.

시험을 치른 고등학교 1학년 400명의 국어, 수학, 영어 점수를 데이터화하여 '잘하는 과목과 못하는 과목이 비슷하다'라는 기준으로 클러스터링하고 싶다고 가정해 봅시다.

이때 각 학생의 점수를 (국어 점수, 수학 점수, 영어 점수) 형태의 데이터로 정의하여 두 데이터 $(k1, m1, e1)$과 $(k2, m2, e2)$의 거리를 $(k1-k2)2 + (m1-m2)2 + (e1-e2)2$로 정의해 볼 수 있습니다. 이렇게 정의한 거리가 가까운 데이터를 비슷한 데이터라고 생각할 수 있습니다.

• 조건에 부합하는 알고리즘

데이터 간 거리를 정의한 뒤에도 클러스터링하는 방법은 다양합니다. 예를 들어 "클러스터의 개수를 10개로 하고 싶다", "하나의 클러스터 내 데이터 수(학생 수)를 30~50으로 하고 싶다", "하나의 클러스터 내 최대 거리를 10 이하로 하고 싶다"와 같이 다양한 조건을 생각해 볼 수 있습니다. 이는 클러스터링하는 목적에 따라 다릅니다.

예를 들어 여름방학 보충수업을 위해 학급을 나누는 것이 목적이라면, 선생님이나 교실 수에 맞게 클러스터 수를 정하거나, 교실의 면적에 맞게 클러스터 내 데이터 수를 제한하고 싶을 것입니다. 이와 같이 다양한 조건을 만족시키기 위해 많은 클러스터링 알고리즘이 고안되어 왔습니다.

다음 절에서는 k-평균 알고리즘이라고 하는 가장 기본적이고 대표적인 클러스터링 알고리즘을 소개합니다. 이 알고리즘은 클러스터의 개수가 k가 되도록 클러스터링을 수행합니다.

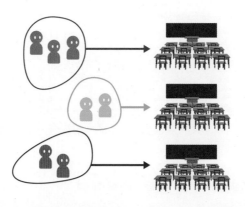

No.

6-2   k-평균 알고리즘

k-평균 알고리즘(k-means clustering algorithm)은 클러스터링 알고리즘의 하나입니다. 이 알고리즘은 클러스터의 개수를 사전에 정하고, 그 개수에 맞게 그룹을 나눕니다.

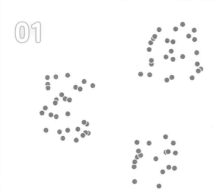

01

먼저 클러스터링을 수행하고 싶은 데이터를 준비합니다. 그리고 클러스터 개수를 정합니다. 여기서는 클러스터 개수를 3으로 가정하겠습니다. 데이터는 점으로 표시하고, 데이터 간 거리는 두 점 사이 직선거리를 사용합니다.

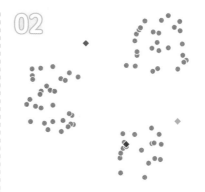

02

각 클러스터의 중심점으로 점 세 개를 랜덤하게 배치합니다.

03

각 데이터에서 가장 가까운 중심점을 색이 있는 선분으로 연결합니다.

각 데이터에 대해 세 중심점 중에서 가장 가까운 것을 계산합니다.

04

각 데이터를 결정한 클러스터로 분류합니다. 이것으로 클러스터 세 개가 만들어집니다.

05

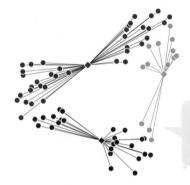

중심점이 이동하면 가장 가까운 중심점이 변하는 데이터가 발생합니다.

각 클러스터에 속한 데이터의 중심을 계산하여 해당 위치로 클러스터의 중심점을 이동합니다.

06

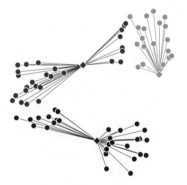

가장 가까운 중심점을 재계산하여 각 데이터의 클러스터를 재분류합니다.

07

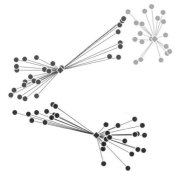

'각 데이터를 클러스터로 분류'하는 것과 '클러스터의 중심점을 클러스터의 중심으로 이동'하는 것을 중심점이 수렴할 때까지(움직이지 않을 때까지) 반복합니다.

08

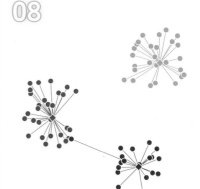

세 번째 반복이 끝났을 때의 모습입니다.

09

데이터가 비슷한 것끼리 적절히 분류된 것을 확인할 수 있습니다.

네 번째 반복이 끝났을 때의 모습입니다. 이 이상 반복해도 중심점은 바뀌지 않기 때문에 여기서 종료합니다. 이것으로 클러스터링이 완료되었습니다.

k-평균 알고리즘은 과정을 반복하면 중심점이 반드시 어딘가에 수렴한다는 것이 수학적으로 증명되었습니다.

본문에서는 클러스터 개수를 3으로 설정했는데, 같은 데이터를 놓고 클러스터 개수를 2로 설정하면 다음과 같이 분류됩니다.

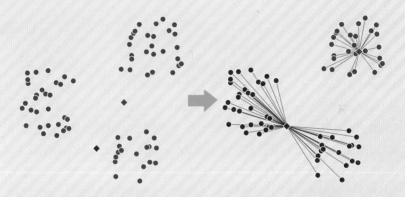

그러자 왼쪽과 아래쪽에 위치한 데이터 덩어리 두 개가 하나의 클러스터로 분류되었습니다. 이처럼 k-평균 알고리즘은 클러스터 개수를 미리 결정해야 하므로, 결정한 값이 적절하지 않으면 의미 있는 결과를 얻지 못할 수 있습니다.

클러스터 개수를 고정하지 않아도 되는 경우에는 적절한 클러스터 개수를 추측하기 위해 데이터를 사전에 분석하든가, 클러스터 개수를 여러 번 바꾸면서 k-평균 알고리즘을 실행하기도 합니다.

또한 클러스터 개수가 똑같이 2개라도 최초 중심점 위치가 다르면 다음과 같이 분류됩니다.

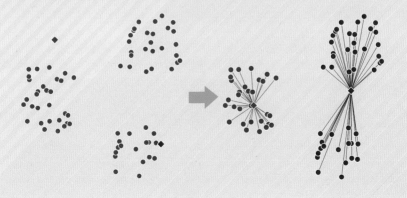

◐ 계속

앞선 경우와 다르게 오른쪽 위와 아래 데이터가 하나의 클러스터로 분류되었습니다. 즉, 클러스터
개수가 같아도 랜덤하게 배치하는 최초 중심점 위치에 따라 클러스터링 결과가 달라지는 것입니
다. 따라서 중심점의 초기 위치를 랜덤하게 바꿔 가면서 k-평균 알고리즘을 실행하여 그중에서 가
장 잘 분류된 것을 사용하는 것이 좋습니다.

▼ 보충 자료

k-평균 알고리즘 외에도 클러스터링 알고리즘은 여럿 있습니다. 그중에서도 **계층적 군집화**
(hierarchical clustering)가 유명합니다. 이것은 k-평균 알고리즘과 다르게 클러스터 개수를 미리
설정할 필요가 없습니다.

처음에는 데이터마다 하나의 클러스터를 형성합니다. 즉, 데이터가 n개 있으면 클러스터가 n개 존
재하는 것입니다. 이후 가장 가까운 클러스터 두 개를 하나로 합치는 작업을 n-1회 실행합니다. 작
업 한 번으로 클러스터 개수가 하나씩 줄어들기 때문에 n-1회 실행하면 전체적으로 하나의 클러스
터가 됩니다. 과정의 각 단계가 클러스터 개수가 다른 클러스터링 결과에 대응하는 셈입니다. 그중
가장 잘 분류된 것을 사용하면 됩니다.

그리고 클러스터를 합칠 때는 '가장 가까운 두 클러스터'를 결정하기 위해 클러스터 간 거리를 정의
해야 합니다. 정의 방법으로는 **최단 연결법**, **최장 연결법**, **평균 연결법** 등의 알고리즘이 있습니다.

제 **7** 장

데이터 압축

7-1 데이터 압축과 부호화

데이터를 짧게 만드는 것이 압축

컴퓨터는 데이터를 0 또는 1이 나열된 이진수로 처리합니다. 이진수로 표현된 데이터를 디지털 데이터라고 합니다. 컴퓨터는 텍스트도 디지털 데이터로 다룹니다. 가령 A라는 문자는 01000001로 표현하는 것과 같이 변환 규칙이 있습니다.

컴퓨터는 이미지나 음성과 같은 아날로그 데이터를 다룰 때도 이진수로 변환해야 합니다. 아날로그에서 디지털로 변환하는 것처럼, 데이터의 표현 방법을 변환하는 것을 부호화(인코드)라고 합니다.

특히 부호화 중에서 부호화한 후에 데이터 크기가 작아지는 것을 **압축**이라고 합니다.

이 장에서 배우는 내용

이 장에서는 구체적인 부호화 알고리즘으로 런 렝스 부호화와 하프만 코드에 대해 알아봅니다.

하프만 코드에서는 부호화에서 중요한 성질인 유일 복호 가능성과 순시 복호 가능성에 대해서도 설명합니다.

런 렝스 부호화는 이미지의 압축에 특화하여 팩스 등에 사용되고, 하프만 코드는 데이터를 효율적으로 압축할 수 있어 ZIP 포맷의 압축이나 이미지의 JPEG 포맷에 사용됩니다.

런 렝스 부호화의 사용 예

하프만 코드의 사용 예

NO.
7-2 런 렝스 부호화

런 렝스 부호화(run-length encoding)는 부호와 그것이 연속되는 횟수를 하나의 묶음으로 부호화합니다. 여기서는 단순한 부호화와 비교하며 런 렝스 부호화의 압축 원리를 살펴보겠습니다. 또한 런 렝스 부호화를 사용하기에 좋은 데이터와 그렇지 않은 데이터에 대해서도 알아보겠습니다.

01

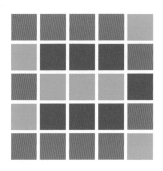

5x5 칸을 세 가지 색으로 칠한 이미지를 부호화해 봅시다. 여기서는 0 또는 1의 이진수로 곧바로 변환하는 것이 아니라, 텍스트로 변환하는 것을 생각해 보겠습니다. 먼저 간단한 방법을 사용하겠습니다.

- -

02

세 가지 색에 대해 각각 Y(Yellow), G(Green), B(Blue)라는 문자를 할당합니다.

03

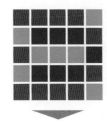

Y Y Y Y G G B B B Y
Y G G G B G B B B Y
Y Y Y Y G

도형의 왼쪽 상단을 시작으로 한 줄씩 Y, G, B 문자로 변환한 결과, 문자 25개로 부호화했습니다. 이제 이 이미지를 런 렝스 부호화를 사용해 25개보다 더 짧은 문자 수로 표현해 보겠습니다.

- -

04

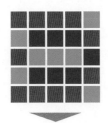

그 결과 부호는 5글자 짧아져
20글자로 압축되었습니다.

Y 4 G 2 B 3 Y 2 G 3
B 1 G 1 B 3 Y 5 G 1

런 렝스 부호화는 부호와 그것이 연속하는 횟수를 한 묶음으로 부호화하는 방법입니다. 예를 들어 YYYY를 Y4로 표현하여 두 문자 짧게 표현합니다. 같은 작업을 반복하면 런 렝스 부호화가 완료됩니다.

원 포인트

04와 같이 이미지가 한 줄에 다섯 칸으로 되어 있다는 것을 알고 있으면, 부호를 원래 이미지로 되돌리는 것이 가능합니다. 이러한 작업을 압축의 반대말인 **해제**라고 합니다.

05

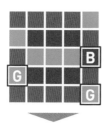

Y 4 G 2 B 3 Y 2 G 3
B 1 G 1 B 3 Y 5 G 1

런 렝스 부호화를 사용하기에 좋은 데이터와 그렇지 않은 데이터가 있습니다. 부호화의 결과를 잘 보면, 전체적으로는 문자 수가 줄어들었지만 같은 색이 연속하지 않은 곳에서는 문자 수가 더 많아졌습니다.

06

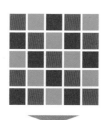

Y 1 G 1 B 1 Y 1 G 1
B 1 Y 1 G 1 B 1 Y 1
G 1 B 1 Y 1 G 1 B 1
Y 1 G 1 B 1 Y 1 G 1
B 1 Y 1 G 1 B 1 Y 1

예를 들어 연속성이 적은 이러한 데이터에 런 렝스 부호화를 적용하면 원래의 2배인 50자가 됩니다.

07

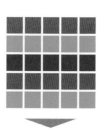

Y 5 G 5 B 5 Y 5 G 5

반대로, 연속하는 문자가 많은 데이터에 런 렝스 부호화를 적용하면 10자가 됩니다. 원래 25자였으니 상당한 압축률입니다. 이처럼 런 렝스 부호화는 대상 데이터에 따라 압축 효과가 좋을 수도 있고, 안 좋을 수도 있습니다.

런 렝스 부호화는 일반적으로 데이터의 연속성이 없는 텍스트 데이터보다는 이미지 데이터 압축에 더 적합합니다.

여기서는 이미지를 텍스트로 부호화했는데, 실제 컴퓨터에서는 텍스트도 이진수로 부호화하여 취급합니다. 텍스트를 디지털로 부호화하는 방법에 대해서는 하프만 코드에서 살펴봅니다.

▶ 참고 7-3 유일 복호 가능 부호
▶ 참고 7-4 순시 부호
▶ 참고 7-5 하프만 코드

No.

7-3 유일 복호 가능 부호

7-2절 마지막에서 언급한 하프만 코드는 JPEG와 같은 이미지나 ZIP과 같은 파일의 압축에 사용됩니다. 하프만 코드에 대한 설명에 앞서 준비 단계로 먼저 부호화의 중요한 두 가지 성질인 유일 복호 가능성과 순시 부호에 대해 알아보겠습니다.

01

ABAABACD

예를 들어 ABAABACD라는 문자열을 네트워크를 통해 보내는 경우를 생각해 봅시다. 데이터는 0과 1의 이진수로 부호화하여 전송됩니다.

02

(ASCII)

A = 0 1 0 0 0 0 0 1

B = 0 1 0 0 0 0 1 0

C = 0 1 0 0 0 0 1 1

D = 0 1 0 0 0 1 0 0

만약 ASCII(아스키) 문자 코드를 사용한다면 A, B, C, D라는 각 문자는 이와 같이 부호화합니다. ASCII는 문자 하나를 8비트로 표현합니다.

03

ABAABACD
▼

0 1 0 0 0 0 0 1
0 1 0 0 0 0 1 0
0 1 0 0 0 0 0 1
0 1 0 0 0 0 0 1
0 1 0 0 0 0 1 0
0 1 0 0 0 0 0 1
0 1 0 0 0 0 1 1
0 1 0 0 0 1 0 0

ASCII를 사용하여 ABAABACD라는 문자열을 부호화했습니다. 그 결과 데이터의 크기는 64비트가 되었습니다. 통신량을 줄이기 위하여 문자열을 64비트보다 작게 부호화하는 방법에 대해 생각해 봅시다.

ASCII는 많은 문자를 구분하고 관리하기 위해 문자 하나를 8비트로 표현합니다. 하지만 ABAABACD라는 문자열에서는 문자를 4개만 사용하고 있습니다. 따라서 이 문자 4개를 구분할 수 있도록 부호화하면 좋을 것입니다.

04

$$A = 0\ 0$$

$$B = 0\ 1$$

$$C = 1\ 0$$

$$D = 1\ 1$$

간단한 예로 이와 같은 부호화 규칙을 정해 봤습니다. 문자 하나를 2비트로 표현합니다.

05

ABAABACD

0001000001001011

규칙에 따라 ABAABACD를 부호화했습니다. 그 결과 데이터 크기가 16비트로 대폭 줄어들었습니다.

이 규칙은 임의로 정한 것이기 때문에 문자열을 전달받는 쪽에도 규칙을 전달해야 합니다. 편의상 여기서는 부호화 규칙을 전달하는 데 필요한 통신량은 고려하지 않겠습니다.

06

ABAABACD

▼

**00,01,00,00
01,00,10,11**

▼

ABAABACD

문자열을 전달받은 쪽에서는 부호를 두 문자씩 구분하여 각각 규칙에 대조해 복원하면 원래 문자열인 ABAABACD를 얻을 수 있습니다.

07

ABAABACD

**A = 0
B = 1
C = 1 0
D = 1 1**

ABAABACD를 더 작게 부호화하는 방법을 생각해 봅시다. 앞서 사용한 규칙에서는 문자 하나를 2비트로 표현했는데 A와 B를 1비트로 표현하면 더 작게 부호화할 수 있습니다.

08

ABAABACD

▼

0 1 0 0 1 0 1 0 1 1

규칙에 따라 ABAABACD를 부호화했습니다. 그 결과 데이터의 크기는 10비트로 더 줄어들었습니다.

 문자열 ABAABACD에는 문자 C와 D보다 A와 B가 더 많이 있습니다. 따라서 C나 D보다는 A와 B를 1비트로 표현하는 것이 좋습니다.

09

A B A A B A C D

▼

0 1 0 0 1 0 1 0 1 1

A = 0 , B = 1 , C = 1 0 , D = 1 1

▼

A B A A B A C D

부호를 전달받은 쪽에서 부호를 복원하려면 변환 규칙과 대조하여 복원하면 됩니다.

10

A B A A B A C D

▼

0 1 0 0 1 0 1 0 1 1

A = 0 , B = 1 , C = 1 0 , D = 1 1

▼

A C A C C D
A B A A C B A D
:

예를 들어 10이라는 부호는 BA로도 C로도 변환할 수 있습니다. 따라서 그림과 같이 서로 다른 문자열로 복원될 수 있습니다. 복원될 수 있는 다양한 문자열 중 어떤 것이 원래 문자열인지 결정할 수 없습니다. 이처럼 부호에 대해 하나로 유일하게 복호화할 수 없는 것을 **유일 복호 불가능**이라고 합니다.

해설

여기서 사용한 부호화 규칙은 쓸모 있어 보이지 않습니다. 이런 문제를 막기 위해서는 부호화 규칙을 보낸 의도대로 복호화할 수 있도록 유일 복호 가능해야 합니다.

No.

7-4 순시 부호

변환표에 있는 부호가 나타나면 즉시 원래 문자를 결정할 수 있는 것을 순시 부호라고 합니다. 7-3절의 유일 복호 가능 부호와 함께 효율이 좋은 부호화와 복호화를 위해 필수 불가결한 특성입니다.

01

$$A = 0$$

$$B = 0\ 0\ 0\ 0\ 1$$

이번 예에서는 편의상 A와 B라는 두 문자를 그림과 같이 부호화한다고 가정하겠습니다. 이 부호화 규칙에 따라 000001이라는 부호가 주어졌을 때 복호화하는 순서에 대해 생각해 봅시다.

- -

02

복호화를 위해 맨 앞의 숫자부터 차례대로 살펴봅니다.

$$0\ 0\ 0\ 0\ 0\ 1$$

$$A = 0, B = 0\ 0\ 0\ 0\ 1$$

첫 번째 문자는 0인데 이 문자만 봐서는 A인지 B의 일부인지 판단할 수 없습니다.

03

0 0 0 0 0 1

A = 0 , B = 0 0 0 0 1

▼

두 번째 문자까지 보면 00인데 AA인
지 B의 일부인지 판단할 수 없습니다.

04

0 0 0 0 0 1

A = 0 , B = 0 0 0 0 1

▼

세 번째 문자까지 보면 000인데
AAA인지 B의 일부인지 판단할 수
없습니다. 마찬가지로 네 번째 문자와
다섯 번째 문자까지 봐도 판단할 수
없습니다.

05

0 0 0 0 0 1

A = 0 , B = 0 0 0 0 1

▼

A B

마지막으로 여섯 번째 문자 1을 보면
첫 0이 A이고, 그 뒤의 00001이 B라
고 판단할 수 있습니다.

000001

A=0, B=00001

AB

0000001이라는 숫자는 AB라는 문자열로 유일하게 복원할 수 있습니다. 따라서 이 점은 문제가 되지 않습니다. 순시 부호는 변환표에 있는 부호가 나타나면 즉시 원래 문자를 결정할 수 있어야 합니다. 이 예시처럼 뒤에 나타나는 문자를 확인하지 않으면 원래 문자를 판단할 수 없는 경우는 순시 부호가 아닙니다. 따라서 부호를 복원하는 데 시간이 걸립니다. 효율이 좋은 부호화와 복호화를 위해서는 유일 복호 가능 부호이면서 순시 부호여야 합니다. 다음 절에서 소개하는 하프만 코드는 유일 복호 가능 부호이자 순시 부호입니다.

앞 절과 이번 절의 예에서 본 두 가지 부호화 규칙의 문제점을 생각해 봅시다.

다음 그림은 첫 번째 부호화 규칙을 그림으로 표현한 것입니다. 어떤 부호가 주어졌을 때 첫 번째 문자가 0이면 A로 확정됩니다. 하지만 1이면 B일 가능성과 C 혹은 D의 일부일 가능성이 있습니다.

A=0, B=1, C=10, D=11

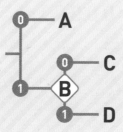

◑ 계속

마찬가지로 두 번째 부호화 규칙을 그림으로 표현하면 다음과 같습니다.

$$A = 0, B = 00001$$

어떤 부호가 주어졌을 때 첫 번째 문자는 언제나 0입니다. 하지만 그 0이 A일 가능성도 있고 B의 일부일 가능성도 있습니다. 유일 복호 가능 부호이고 순시 부호이기 위해서는 "어떤 부호도 다른 부호의 선두에 포함되지 않아야 한다."라는 조건이 있습니다. 지금까지 살펴본 두 가지 예는 이를 만족하지 않습니다.

No. 7-5 하프만 코드

이 절에서는 하프만 코드에 대해 살펴보겠습니다. 하프만 코드는 유일 복호 가능하면서 순시 부호입니다. 각 문자의 출현 비율을 계산하여 트리 구조를 만들어 나갑니다.

01

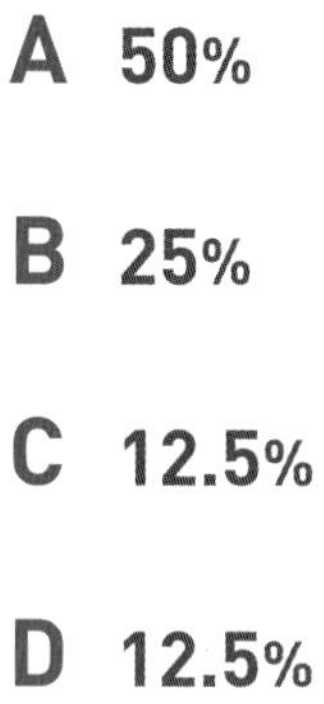

A 50%

B 25%

C 12.5%

D 12.5%

먼저 각 문자의 출현 비율을 계산합니다. 가령 영어와 같은 자연 언어인 경우에는 통계 데이터를 사용합니다. 여기서는 A~D 네 문자만 사용하고, 출현 비율은 그림과 같다고 가정하겠습니다.

02

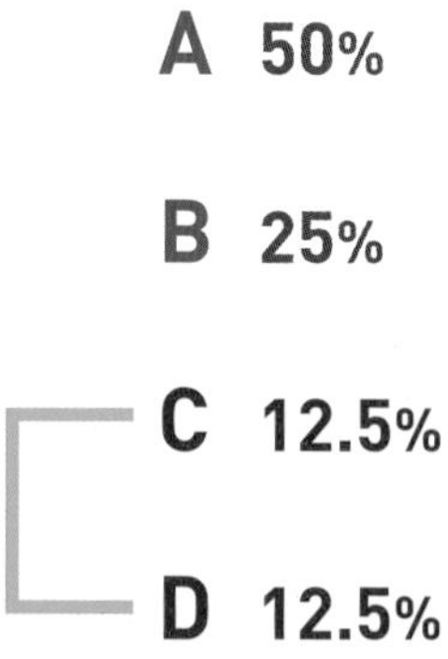

A 50%

B 25%

┌ C 12.5%
└ D 12.5%

출현 비율이 적은 문자 두 개를 찾습니다. 여기서는 C(12.5%)와 D(12.5%)입니다. 두 문자를 선으로 연결하여 트리 구조를 만듭니다.

03

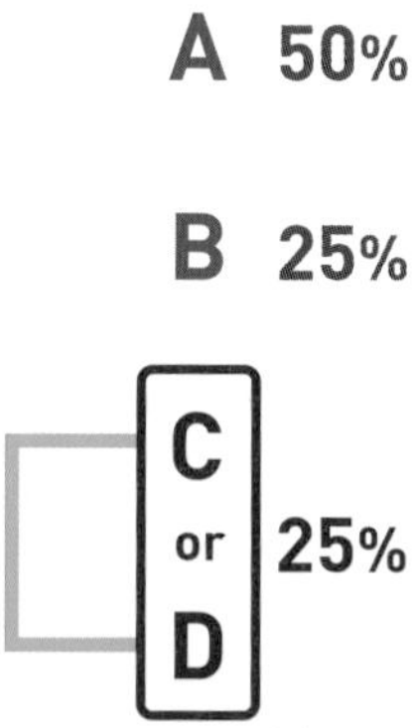

A 50%

B 25%

[C or D] 25%

두 문자를 'C or D'로 합쳐 출현 비율을 더합니다. C or D를 하나의 문자로 생각하여 같은 작업을 반복합니다.

04

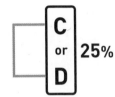

A, B, C or D, 세 문자 중에서 출현 비율이 적은 두 개를 찾습니다. 이 경우 B(25%)와 C or D(25%)입니다.

05

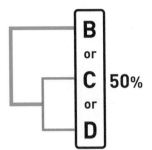

두 문자를 선으로 연결하여 트리 구조를 만듭니다. 두 문자를 'B or C or D'로 합쳐 출현 비율을 더합니다. B or C or D를 하나의 문자로 생각합니다.

06

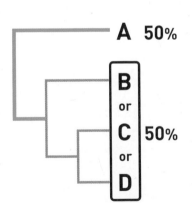

똑같이 출현 비율이 적은 문자 두 개를 선택합니다. 마지막으로 남은 A와 B or C or D입니다.

07

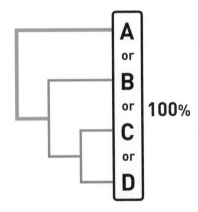

두 문자를 선으로 연결하여 트리 구조를 만듭니다. 모든 문자가 A or B or C or D로 하나가 되었습니다. 출현 비율은 물론 100%입니다.

08

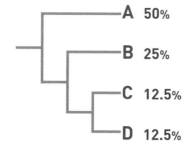

A 50%

B 25%

C 12.5%

D 12.5%

이것으로 하프만 코드를 도입하기 위한 트리 구조
가 완성되었습니다. 이어서 0과 1을 사용한 부호화
를 진행합니다. 각 문자의 출현 비율을 다시 표시
했습니다.

09

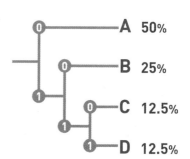

A 50%

B 25%

C 12.5%

D 12.5%

0과 1의 부호를 위아래로 이어지는 각 가지에 할당
합니다. 0과 1을 반대로 할당해도 됩니다.

10

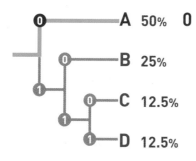

A 50%   0

B 25%

C 12.5%

D 12.5%

이어서 트리의 뿌리에서부터 각 문자를 순회하면
서 대응하는 부호를 결정합니다. A에게 할당되는
부호는 0입니다.

11

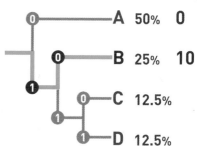

A 50%   0

B 25%   10

C 12.5%

D 12.5%

B에게 할당되는 부호는 10입니다.

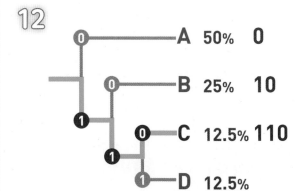

12

A 50% 0

B 25% 10

C 12.5% 110

D 12.5%

C에게 할당되는 부호는 110입니다.

13

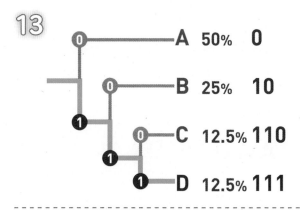

A 50% 0

B 25% 10

C 12.5% 110

D 12.5% 111

D에게 할당되는 부호는 111입니다. 이것으로 하프만 코드에 의한 부호화가 완료되었습니다. 이 부호화 규칙에 따라 ABAABACD라는 문자를 부호화해 봅시다.

14

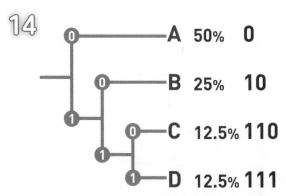

A 50% 0

B 25% 10

C 12.5% 110

D 12.5% 111

'어떠한 부호도 다른 부호의 선두에 포함되지 않는 것'은 트리 구조로 인해서 명백해졌습니다. 따라서 유일 복호 가능 부호이면서 순시 부호입니다.

> 출현 비율이 높은 문자일수록 비트 수가 적은 부호가 할당되기 때문에 부호화 효율이 높습니다.

해설

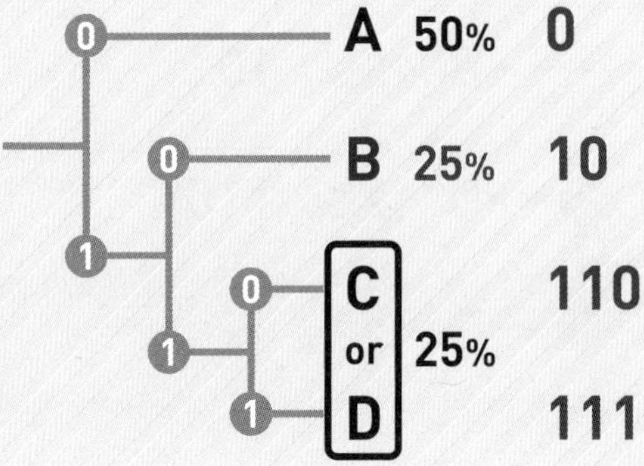

A	50%	**0**
B	25%	**10**
C or **D**	25%	**110** **111**

하프만 코드의 부호화 효율이 좋은 것에 대해 구체적으로 살펴보겠습니다. 이 예의 경우 A의 출현 비율(50%)보다 C or D의 출현 비율(25%)이 낮습니다. 따라서 C와 D를 3비트로 표현하더라도 A를 1비트로 표현하는 것이 효율적이고, 이것이 반영된 결과입니다.

부호화 규칙에 따라 ABAABACD를 부호화해 봅시다.

ABAABACD

▼

0 1 0 0 0 1 0 0 1 1 0 1 1 1

결과는 위와 같이 14비트를 얻습니다. 문자 하나를 2비트로 표현하는 경우(16비트)에 비해 더 짧습니다.

제 8 장

그 외 알고리즘

No.
8-1 유클리드 호제법

유클리드 호제법(Euclidean algorithm)은 두 수의 최대공약수를 구하는 알고리즘으로 세계에서 가장 오래된 알고리즘으로 알려져 있습니다. 언제 발견되었는지는 정확하지 않지만 가장 오래된 기록은 기원전 300년대에 쓰인 유클리드의 저서이며, 이름도 여기서 유래했습니다.

01

$$1112 \qquad 695$$

구체적으로 유클리드 호제법에 대해 알아보기 전에 1112와 695의 최대공약수를 예로 들어 보겠습니다.

02

$$1112 = \boxed{139} \times 2 \times 2 \times 2$$
$$695 = \boxed{139} \times 5$$
$$\boxed{139} \cdots \text{GCD}$$

보통 두 수를 소인수분해하여 공통 소수로부터 최대공약수(GCD)를 구합니다. 1112와 695의 최대공약수는 139입니다. 하지만 두 수의 크기가 크면 클수록 이 방법으로는 소인수분해가 어려워집니다. 유클리드 호제법을 사용하면 보다 효율적으로 최대공약수를 구할 수 있습니다.

03

1112   695

그러면 유클리드 호제법의 계산 흐름을 살펴보겠습니다.

04

1112 mod 695 =

먼저 커다란 수를 작은 수로 나눈 나머지를 구합니다. 즉, 커다란 수를 작은 수로 mod 연산을 수행합니다. 5장에서도 살펴봤지만, mod 연산은 나눗셈의 나머지를 구하는 연산입니다. A mod B는 A를 B로 나눈 나머지 C를 의미합니다.

▶ 참고 5-7 디피-헬먼 키 교환법

05

1112 mod 695 = 417

나눗셈 결과 나머지는 417입니다.

06

1112 mod 695 = 417
695 mod 417 = 278

이번에는 나누는 수 695를 나머지 417로 mod 연산을 수행합니다. 결과는 278입니다.

07

1112 mod 695 = 417
695 mod 417 = 278
417 mod 278 = 139

같은 조작을 반복합니다. 417과 278로 mod 연산을 수행하여 139를 구했습니다.

08

1112 mod 695 = 417
695 mod 417 = 278
417 mod 278 = 139
278 mod 139 = 0

278과 139로 mod 연산을 수행합니다. 나머지는 0입니다. 즉, 278은 139로 나누어 떨어집니다.

09

$$1112 \bmod 695 = 417$$

$$695 \bmod 417 = 278$$

$$417 \bmod 278 = 139$$

$$278 \bmod 139 = 0$$

$$139 \cdots \text{GCD}$$

나머지가 0이 되는 마지막 연산에서 나누는 수로
사용된 139가 1112와 695의 최대공약수입니다.

10

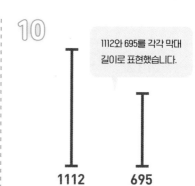

1112와 695를 각각 막대
길이로 표현했습니다.

1112   695

유클리드 호제법이 최대공약수를 구할 수 있는 원
리는 무엇일까요? 그림을 통해 살펴보겠습니다.

11

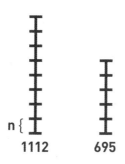

n {

1112   695

실제로는 각 막대가 눈금 몇 개로
되어 있는지 모릅니다. 다만, 1112도
695도 최대공약수 n의 배수인 것은
알 수 있습니다.

최대공약수를 n으로 하여 눈금을 만들었습니다. 최대공약수 139를 이미 구했기 때문에 알기 쉽게 1112는 눈
금 8개, 695는 5개로 표시했습니다.

12

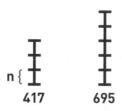

n {

417   695

그림을 보면 417도 크기 n의 눈금으
로 표현할 수 있는 숫자라는 것을
알 수 있습니다.

여기서도 앞서 수행한 연산과 동일하게 큰 숫자를 작은 숫자로 나눈 나머지를 구합니다. 417이 구해집니다.

13

앞서 수행한 것과 동일하게 mod 연산을 반복합니다. 695를 417로 나눈 나머지는 278입니다.

14

계속해서 나눗셈을 반복합니다. 278은 139로 나누어 떨어지기 때문에…

15

나머지는 0이 됩니다. 따라서 최대공약수 n이 139임을 알 수 있습니다.

해설

이렇게 유클리드 호제법을 사용하면 나눗셈을 반복하는 것만으로 최대공약수를 구할 수 있습니다. 두 수의 크기가 크더라도 정해진 순서에 따라 효율적으로 최대공약수를 구할 수 있는 것이 큰 장점입니다.

No.
8-2   소수 판별법

소수 판별법은 어떤 자연수가 소수인지 아닌지를 판별하는 방법입니다. 소수(prime number)란 1과 자기 자신 이외에 약수를 가지지 않는 1보다 큰 자연수를 말하며, 작은 순으로 2, 3, 5, 7, 11, 13, … 으로 이어집니다. 현대 암호 기술에서 자주 사용되는 RSA 암호는 굉장히 큰 소수를 다룹니다. 이때 소수 판별법이 중요한 역할을 담당합니다.

▶ 참고 5-5 공개키 암호 방식

01

3599

예를 들어 3599라는 숫자가 소수인지 아닌지 여부를 판별해 봅시다. 단순한 방법으로는 3599를 2부터 차례대로 나누어 떨어지는지 여부를 확인하는 방법을 생각해 볼 수 있습니다. 나누어 떨어진다는 것은 나머지를 구하는 연산인 mod 연산의 결과가 0인 것을 의미합니다. 3599의 제곱근은 59.99…이기 때문에 숫자 2부터 59까지 차례대로 mod 연산을 수행하면 됩니다.

- -

02

$3599 \neq$ 소수

$3599 \bmod 2 = 1$ ✅

$3599 \bmod 3 = 2$ ✅

⋮   ⋮   ⋮

⋮   ⋮   ⋮

$3599 \bmod 58 = 3$ ✅

$3599 \bmod 59 = 0$ ❗

실제로 mod 연산을 수행해 보면 3599는 59로 나누어 떨어진다는 것을 알 수 있습니다. 즉, 3599는 소수가 아닙니다. 하지만 이 방법은 소수를 판별해야 하는 숫자가 커질수록 오래 걸리기 때문에 현실적이지 않습니다. 이 문제를 해결하는 방법으로 **페르마 테스트**가 있습니다.

03

(페르마 테스트)

5

페르마 테스트는 확률적 소수 판별법이라고 부르며, '어떤 수가 소수일 가능성이 높은지'를 판별합니다. 페르마 테스트를 알아보기 위해 소수가 가지는 성질을 먼저 살펴보겠습니다. 예를 들어 5라는 소수의 성질을 생각해 봅시다.

04

$$5 = 소수$$
$$4^5 = 1024$$
$$3^5 = 243$$
$$2^5 = 32$$
$$1^5 = 1$$

소수 5보다 작은 숫자를 각각 5제곱한 결과입니다.

05

$$5 = 소수$$
$$4^5 (= 1024) \quad \mathrm{mod}\ 5 = 4$$
$$3^5 (= 243) \quad \mathrm{mod}\ 5 = 3$$
$$2^5 (= 32) \quad \mathrm{mod}\ 5 = 2$$
$$1^5 (= 1) \quad \mathrm{mod}\ 5 = 1$$

이어서 각 숫자를 5로 mod 연산하여 나머지를 구합니다. 계산 결과는 이와 같습니다.

06

$$5 = 소수$$
$$4^5 (= 1024) \quad \mathrm{mod}\ 5 = 4$$
$$3^5 (= 243) \quad \mathrm{mod}\ 5 = 3$$
$$2^5 (= 32) \quad \mathrm{mod}\ 5 = 2$$
$$1^5 (= 1) \quad \mathrm{mod}\ 5 = 1$$

원래 숫자와 나머지 값이 일치하는 것을 알 수 있습니다.

07

$$5 = 소수$$
$$n < 5$$
$$n^5\ \mathrm{mod}\ 5 = n$$

이를 통해 소수 5에 대해 위와 같은 식이 성립한다는 것을 알 수 있습니다.

08

$$p = 소수$$
$$n < p$$
$$n^p \bmod p = n$$

사실은 5뿐만 아니라 모든 소수 p에 대해 이 식이 성립한다는 것이 증명되었습니다. 이를 **페르마의 소정리**라고 부릅니다. 페르마의 소정리를 만족하는지 여부로 소수를 판별하는 방법이 페르마 테스트입니다.

09

113

그러면 페르마 테스트를 사용해 113이 소수인지 아닌지 여부를 판별해 보겠습니다.

10

$$113 = 소수(?)$$

$$64^{113} \bmod 113 = 64 \;\checkmark$$
$$29^{113} \bmod 113 = 29 \;\checkmark$$
$$15^{113} \bmod 113 = 15 \;\checkmark$$

n 값으로 113보다 작은 수를 적당히 세 개 선택하여 113제곱을 하고 이를 113으로 나눈 나머지를 구합니다. 선택한 세 숫자에 모두 원래 값과 나머지가 일치합니다. 따라서 113은 소수라고 결론내릴 수 있습니다.

해설

일치 여부를 많이 확인할수록 소수일 확률이 높아집니다. 하지만 p보다 작은 모든 수에 대해 확인하는 건 시간이 너무 오래 걸립니다. 실제로는 숫자 몇 개를 확인하여 소수일 가능성이 충분히 높다고 판단되면 '아마도 소수일 것'이라고 판단합니다.

예를 들어 RSA 암호에서는 페르마 테스트를 개량한 **밀러-라빈 소수 판별법**을 사용합니다. 이 방법에서는 테스트를 반복하여 소수가 아닐 확률이 0.5의 80제곱보다 작아지는 단계에서 그 수를 소수라고 판단합니다.

⚑ 보충 자료

대상 숫자 p가 소수인 경우, p보다 작은 숫자 n은 모두 $n^p \bmod p = n$을 만족합니다. 단, 모든 n이 이 식을 만족한다고 해서 소수인 것은 아닙니다. 왜냐하면 극히 낮은 확률이지만 모든 n이 식을 만족하는 합성수(소수가 아닌 자연수)가 존재하기 때문입니다.

예를 들어 561은 3 x 11 x 17이기 때문에 합성수이지 소수가 아닙니다. 그러나 561보다 작은 수는 모두 식을 만족합니다.

이러한 합성수를 **카마이클 수**(Carmichael number) 또는 **유사소수**라고 합니다. 카마이클 수를 작은 순서대로 몇 개 나열하면 다음과 같습니다. 보면 그 수가 적다는 것을 알 수 있습니다.

561	1105	1729
2465	2821	6601
8911	10585	15841
29341	41041	46657
52633	62745	63973

...

지식 한입

입력 길이의 다항식 오더 알고리즘으로 소수 판별이 (확률적이지 않고 결정적으로) 가능한지 여부는 오랫동안 미해결 문제였습니다. 그러나 2002년에 인도의 수학자 세 명이 판별 가능하다는 것을 보여 주었습니다. 이 판별법은 개발자인 마닌드라 아그라왈(Manindra Agrawal), 니라지 카얄(Neeraj Kayal), 니틴 삭세나(Nitin Saxena)의 약자를 따서 **AKS 소수 판별법**이라고 합니다. 그러나 다항식 오더라고 해도 차수가 높기 때문에 실제로는 페르마 테스트와 같은 고속 알고리즘을 많이 사용합니다.

No.

8-3 문자열 매칭

긴 문장(**텍스트**라고 합니다)에서 검색하고 싶은 단어(**패턴**이라고 합니다)의 위치를 찾는 것을 문자열 매칭이라고 합니다. 지금은 거의 모든 문서 편집기에서 문자열 매칭 기능을 지원합니다.

01

텍스트 c a b a b a b c a b c a c ...

패턴 a b c a

간단하게 살펴보기 위해 여기서는 문자가 a, b, c 세 종류만 있다고 가정합니다. 찾고 싶은 패턴은 [a b c a]입니다. 먼저 패턴을 텍스트의 제일 왼쪽에 놓고, 왼쪽부터 차례대로 한 문자씩 확인합니다.

02

텍스트 c a b a b a b c a b c a c ...

패턴 a b c a

첫 번째 문자가 맞지 않기 때문에 매칭에 실패합니다.

03

텍스트 c a b a b a b c a b c a c ...

패턴   a b c a

패턴을 한 문자만큼 오른쪽으로 옮깁니다.

04

텍스트 c a b a b a b c a b c a c ...

패턴   a b c a

동일하게 앞에서부터 순서대로 확인하면, 첫 번째와 두 번째 문자는 맞지만 세 번째 문자가 맞지 않기 때문에 매칭에 실패합니다.

05

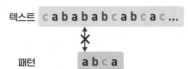

같은 방법으로 패턴을 한 문자씩 옮기면서 반복합니다.

06

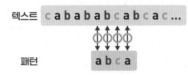

여기서 모든 문자가 맞아 떨어집니다. 패턴을 찾았습니다.

07

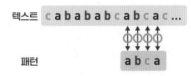

동일하게 진행해 나가면 여기서도 패턴을 발견하게 됩니다.

해설

텍스트 길이를 n, 패턴 길이를 m이라고 합시다. 그러면 패턴 위치를 옮길 때마다 최대 m회 문자를 확인하게 됩니다. 패턴이 놓일 수 있는 위치는 n-m+1개이므로, 문자를 확인하는 횟수는 최대 m(n-m+1)회, 즉 O(nm)시간에 동작합니다.

🚩 보충 자료

위에서 말한 O(nm)회는 최악의 경우를 상정한 것입니다. 실제로는 문자의 종류가 매우 많기 때문에 대부분 첫 문자에서 매칭에 실패하고 패턴을 뒤로 옮깁니다. 즉, 패턴 위치를 옮길 때마다 m회 문자를 확인하는 일은 발생하지 않습니다. 실제 상황에서는 빠르게 동작한다고 생각하면 됩니다.

No.
8-4 커누스-모리스-프랫 알고리즘

8-3절에서 살펴본 간단한 알고리즘에서는 문자 매칭에 실패했을 때 패턴을 한 문자씩 오른쪽으로 옮겼습니다. 하지만 경우에 따라서는 더 많이 옮길 수 있고, 이를 통해 알고리즘의 처리 속도를 향상시킬 수 있습니다.

01

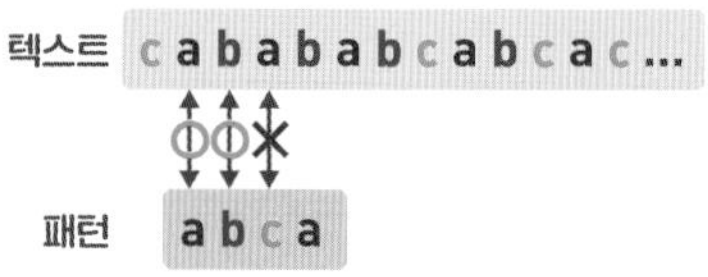

텍스트 c a b a b a b c a b c a c ...

패턴 a b c a

8-3절의 간단한 알고리즘을 떠올려 봅시다. 매칭에 실패했을 때…

02

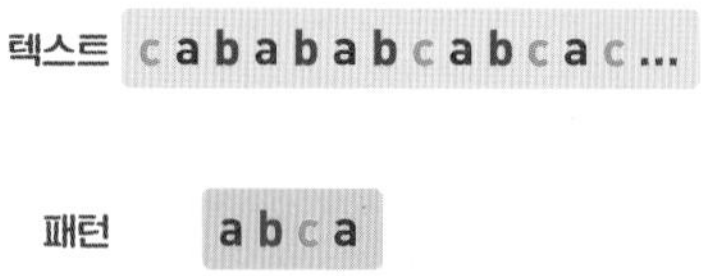

텍스트 c a b a b a b c a b c a c ...

패턴 a b c a

이렇게 패턴을 한 문자씩 옮겨서 다시 매칭을 확인했습니다.

03

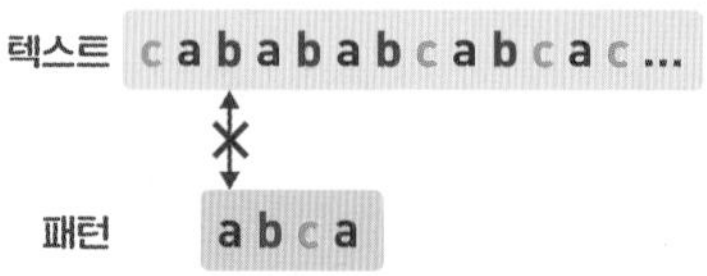

텍스트 c a b a b a b c a b c a c ...

패턴 a b c a

이번에는 첫 번째 문자에서 매칭에 실패했습니다.

04

여기가 b인 것을 알고 있음

텍스트　c a b a b a b c a b c a c ...

패턴　　a b c a

한 문자를 옮겼을 때 패턴의 첫 문자 a와 일치하지 않는 것은 명백합니다.

하지만 이건 해 보지 않아도 알 수 있습니다. 왜냐하면 이전 위치에서 두 문자까지는 성공했기 때문입니다. 패턴의 두 번째 문자에 대응하는 텍스트의 문자가 b라는 것을 확인한 상태입니다.

05

텍스트　c a b a b a b c a b c a c ...

패턴　　　　a b c a

그래서 한 문자만 옮기는 것은 비효율적이며, 한 번에 두 문자를 옮겨도 됩니다.

06

텍스트　... a b a b a b c a b ...

패턴　　　a b a b c

패턴이 이전과 다름에 주의하세요.

그러면 매칭에 실패한 곳으로 한 번에 옮기면 될까요? 그렇지 않습니다. 위 예를 살펴봅시다. 여기서는 패턴의 다섯 번째 문자에서 매칭에 실패했습니다.

07

텍스트 ...a b a b a b c a b...

패턴   a b a b c

실패한 부분까지 패턴을 한꺼번에 옮기면 이렇게
되는데…

08

텍스트 ...a b a b a b c a b...

패턴   a b a b c

찾아야 될 패턴을 지나쳐 버리고 맙니다.

09

텍스트 ...a b a b a b c a b...

패턴   a b a b c

올바르게 찾기 위해서는 이렇게 두 문자를 옮겨야
합니다.

10

c 이외

텍스트 ...a b a b ?.........

패턴 a b a b c

패턴의 다섯 번째 문자에서 매칭에 실패했을 때 알
게 된 텍스트에 대한 정보는 그림과 같습니다. 여
기서 ?로 표시된 곳이 만약에 a라면 두 문자를 옮
겼을 때 패턴을 발견할 가능성이 있습니다.

11

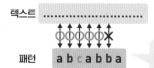

텍스트 ....

패턴 a b c a b b a

쉽게 설명하기 위해 새로운
패턴을 사용합니다.

그러면 매칭에 실패했을 때 몇 문자를 옮기면 되는지 어떻게 알 수 있을까요? 패턴의 여섯 번째 문자에서 매
칭에 실패했다고 가정해 봅시다.

12

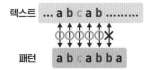

이를 통해 패턴의 첫 번째부터 다섯 번째까지의 문자열이 텍스트에서 현재 확인 중인 위치에 있음을 알 수 있습니다.

13

텍스트 ... a b c a b ....

패턴 a b c a b b a 한 문자만큼 이동

 a b c a b b a 두 문자만큼 이동

 a b c a b b a 세 문자만큼 이동

이 경우 한 문자를 옮겨도, 두 문자를 옮겨도 실패하는 것이 명백합니다. 하지만 세 문자를 옮겼을 때는 성공할 가능성이 있습니다. 따라서 여섯 번째 문자에서 실패했을 경우에는 세 문자를 옮기면 됩니다.

14

패턴 복사 a b c a b

패턴 a b c a b b a

13에서는 설명하기 쉽게 텍스트도 함께 표시했지만 패턴만으로도 계산이 가능합니다. 즉, 여섯 번째 문자에서 실패했을 때 옮겨야 할 문자 수를 계산하기 위해서는 패턴의 첫 번째 문자부터 다섯 번째 문자까지 복사하여…

15

패턴 복사 a b c a b

패턴 a b c a b b a
세 문자만큼

패턴을 오른쪽으로 옮겼을 때 실패하지 않는 최소한의 문자 수를 찾으면 됩니다.

16

패턴 복사 a b c a b b

패턴 a b c a b b a

다시 한번 해 보겠습니다. 일곱 번째 문자에서 실패했을 때 옮겨야 할 문자 수를 계산하고 싶으면 첫 번째 문자에서 여섯 번째 문자까지 복사하여…

17

패턴 복사　a b c a b b

패턴 ◄─────► a b c a b b a
　　　여섯 문자
　　　만큼

매칭에 실패, 즉 불일치가 발생하지 않는 범위 내에서 옮길 수 있는 최솟값을 구하면 여섯 번째 문자만큼이 됩니다. 즉, 한 번에 여섯 문자를 옮길 수 있습니다.

18

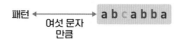
각 문자에서 실패했을 때 옮겨야 하는 문자 수

1 1 2 3 3 3 6
a b c a b b a

이 방법으로 패턴의 각 문자에서 불일치가 발생했을 때 옮겨야 할 문자 수를 계산하면 그림과 같이 됩니다. 패턴만 가지고 미리 계산해 놓으면 검색 중에 일일이 계산하지 않아도 됩니다.

19

텍스트　... a b c a b ....
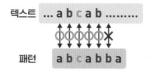
패턴　a b c a b b a

생각할 부분이 하나 더 있습니다. 12로 돌아가 봅시다. 여섯 번째 문자에서 실패했을 때…

20

텍스트　... a b c a b ....

패턴　　　　　a b c a b b a

세 문자만큼 옮기면 됩니다.

21

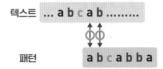

단순한 알고리즘이라면 패턴의 첫 번째 문자부터 매칭을 확인해야 하지만 처음 두 문자 [a b]는 확인하지 않아도 일치하는 것을 알고 있습니다. 여기까지 일치하는 걸 알기 때문에 다섯 문자가 아닌 세 문자만 옮긴 것이죠.

22

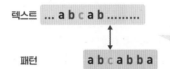

즉, 문자 매칭을 확인하는 위치는 텍스트를 되돌아가지 말고, 방금 실패한 위치에서부터 다시 시작하면 됩니다.

따라서 패턴의 첫 번째, 두 번째 문자는 일치하기 때문에 무시하고 세 번째 문자부터 매칭을 확인하면 됩니다. 이는 텍스트에서 방금 전에 실패한 위치에 해당합니다.

이와 같이 커누스-모리스-프랫 알고리즘(KMP: Knuth-Morris-Pratt algorithm)은 '패턴을 한 번에 여러 문자 옮길 수 있다', '매칭 확인 위치를 돌리지 않고 앞으로 진행할 수 있다'는 두 아이디어를 바탕으로 알고리즘의 속도를 빠르게 개선했습니다. 패턴에서 옮겨야 할 문자 수를 계산하는 전처리에는 $O(m)$, 실제 문자열 매칭 확인에는 $O(n)$시간이 걸리므로, 전체 $O(n+m)$시간이 소요됩니다.

No.

8-5 | 페이지랭크

페이지랭크는 검색 사이트에서 검색 결과의 순위를 결정하기 위해 사용하는 알고리즘입니다. 구글이 이 알고리즘을 사용한 검색 엔진으로 세계적인 기업이 된 이야기는 유명합니다.

01

algorithm 🔍

1. History of Algorithms
············
··· ···· ······ ···

검색 결과에서 상위에 있을수록 페이지의 가치가 높다고 판단합니다.

2. Sorting algorithm
············
··· ···· ······ ···

3. Algorithm Library
············
··· ···· ······ ···

페이지랭크는 페이지 간 링크 구조로부터 페이지의 가치를 계산하는 알고리즘입니다. 계산의 구체적인 흐름을 살펴보겠습니다.

02

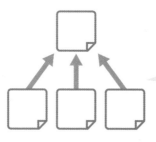

이 그림에서는 아래 세 페이지가 위의 한 페이지를 링크하고 있습니다.

사각형은 웹 페이지를, 화살표는 페이지 간 링크를 의미합니다. 페이지랭크는 많은 페이지에서 링크할수록 중요한 페이지라고 판단합니다.

03

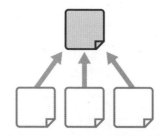

이 그림에서는 위에 있는 페이지가 가장 중요한 페이지라고 판단합니다. 실제로 각 페이지의 중요도는 계산을 통해 수치화합니다. 기본적인 계산 방법의 아이디어를 알아보겠습니다.

04

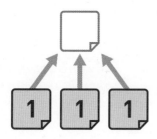

링크가 없는 페이지의 점수는 1입니다.

05

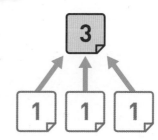

링크된 페이지의 점수는 링크하고 있는 페이지의 점수를 합한 점수입니다.

06

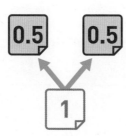

단, 여러 페이지를 링크하는 경우에는 점수가 균등하게 분배됩니다.

07

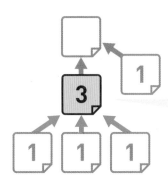

이 페이지는 독립된 페이지 세 개에서 링크되어 있기 때문에 점수는 3입니다.

페이지랭크의 개념으로 볼 때 많이 링크된 페이지가 링크하면 가치가 더 큽니다.

08

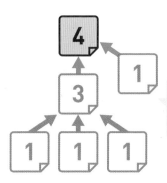

이 그림에 있는 페이지 여섯 개 중에서 맨 위 페이지를 가장 중요한 페이지라고 판단합니다.

맨 위 페이지는 점수가 3인 페이지가 링크하고 있기 때문에 큰 점수를 얻습니다. 이것이 페이지랭크의 기본 개념입니다.

09

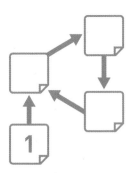

하지만 이 방법을 적용할 때 링크 간에 루프가 있는 경우에는 문제가 발생합니다.

10

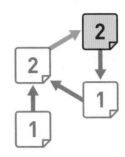

각 페이지의 점수를 순서대로 계산하다 보면 무한 루프에 빠져서, 루프 안 페이지의 점수가 무한대로 커지게 됩니다.

11

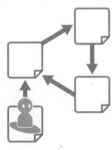

루프 문제는 **랜덤 서핑 모델**이라는 계산 방법으로 해결할 수 있습니다. 인터넷 서핑을 하고 있는 사람이 어떻게 페이지를 탐색하는지 생각해 봅시다.

12

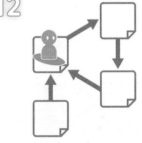

어느 날, 잡지에 소개된 흥미로운 웹 페이지에 접속했습니다. 왼쪽 아래 페이지에서 시작해 링크를 타고 다른 페이지로 이동합니다.

13

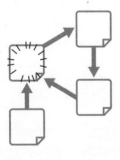

몇 개의 페이지를 본 뒤 흥미가 떨어지면 인터넷 서핑을 끝냅니다.

14

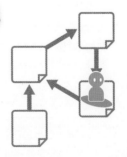

그리고 며칠 뒤, 이번에는 친구가 추천한 완전히 다른 페이지에서 인터넷 서핑을 시작합니다.

15

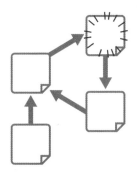

여기서도 링크를 타고 다른 페이지로 이동하다 흥미가 떨어지면 인터넷 서핑을 끝냅니다. 이렇게 어떤 한 페이지에서 시작해 몇 개의 페이지를 이동한 뒤 종료하는 것이 반복됩니다.

16

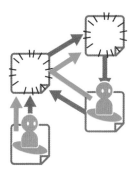

인터넷 공간의 관점에서 이 동작을 살펴봅시다. 인터넷 서핑을 하는 사람은 페이지 사이를 불특정 횟수만큼 이동한 뒤, 완전히 별개 페이지로 순간 이동하는 것을 반복하는 것처럼 보입니다.

17

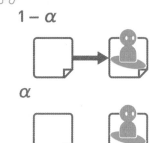

인터넷 서핑하는 사람의 움직임을 정의하면 다음과 같습니다. 확률 $1-\alpha$로 현재 페이지에 있는 링크 중 하나를 동일한 확률로 선택합니다. 확률 α로 다른 페이지 중 하나로 동일한 확률로 순간 이동합니다.

지식 한입

구글이 아직 광고 수입을 얻지 못하던 초창기 무렵, 창업자 중 한 명인 래리 페이지에게 "왜 무료 웹 검색 서비스를 시작했나요?"라고 저술가 겸 편집자 케빈 켈리가 물었습니다. 이 질문에 래리 페이지는 "우리가 진짜로 만들고 있는 것은 AI(인공지능)입니다."라고 대답했다고 합니다.[1]

1 『'인터넷'의 다음에 오는 것』(NHK 출판, 2016)

18

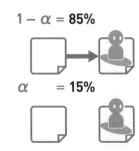

$1 - \alpha = 85\%$

$\alpha \quad = 15\%$

순간 이동할 확률인 알파를 여기서는 15%라고 가정하겠습니다. 이 정의에 따라 페이지 간 이동을 시뮬레이션해 봅시다.

19

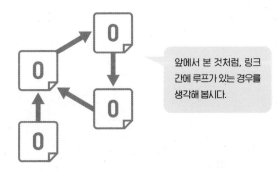

앞에서 본 것처럼, 링크 간에 루프가 있는 경우를 생각해 봅시다.

각 페이지에 적힌 숫자는 인터넷 서핑을 하는 사람이 페이지를 방문한 횟수입니다. 현재는 시뮬레이션 전이기 때문에 전부 0입니다.

20

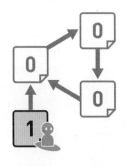

정의에 따라 시뮬레이션을 수행하면 페이지별로 방문 횟수에 차이가 생깁니다.

21

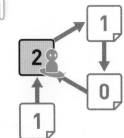

시뮬레이션 중…

22

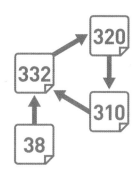

페이지 방문 횟수의 합계가 1,000이 될 때까지 시뮬레이션을 진행하니 이러한 결과가 나왔습니다.

23

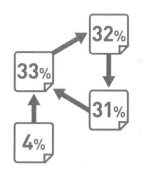

이 방법을 사용하면 링크가 루프 형태로 되어 있어도 점수를 계산할 수 있음을 알 수 있습니다.

이를 비율로 표시하면 그림과 같습니다. 이 값은 '어떤 시점에 해당 페이지를 보고 있을 확률'이라고 할 수 있습니다. 이 값을 그대로 페이지의 점수로 사용하는 것이 랜덤 서핑 모델입니다. [2]

2 실제로는 시뮬레이션이 아니라 보다 효율적인 계산을 수행합니다. 그래도 계산 결과는 시뮬레이션한 결과와 거의 일치합니다.

24

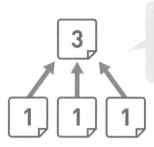

그림의 링크 구조에 대해 방금 설명한 계산 방식으로 점수를 계산해 보겠습니다.

마지막으로 페이지랭크의 값이 앞서 설명한 링크의 가중치 합산으로 계산한 것과 일치하는지 확인합니다.

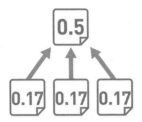

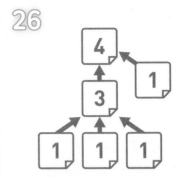

25

26

각 값은 반올림했기 때문에 전부 합해서 1이 되지 않지만, 방금 전과 비슷한 비율로 계산되었음을 알 수 있습니다.

앞서 살펴본 이 링크 구조에 대해서도 점수를 계산해 보겠습니다.

27

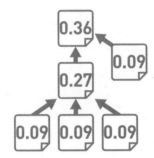

이처럼 페이지랭크는 링크의 가중치를 방문 확률로 대체하여 계산합니다.

여기서도 앞의 경우와 비슷한 비율인 것을 알 수 있습니다.

해설

기존 검색 사이트는 검색 키워드와 페이지 내 문장 간 연관성을 중심으로 검색 결과 순위를 결정했습니다. 이 방법으로는 페이지 내에 유익한 정보가 포함되어 있는지를 고려하지 않습니다. 그렇기 때문에 검색 결과의 정확도가 높다고 말할 수 없었습니다.

구글은 페이지랭크를 이용한 검색 시스템을 제공하여 그 유용성으로 세계적인 기업으로 성장했습니다. 현재 구글의 검색 결과 순위는 페이지랭크로만 정해지지는 않습니다.

그러나 링크 구조로부터 페이지의 가치를 산출한다는 발상과 링크 간에 루프가 있어도 계산할 수 있다는 점에서 페이지랭크 알고리즘이 획기적이었다는 것은 변함이 없습니다.

NO.

8-6 하노이의 탑

하노이의 탑은 원반을 옮기는 게임입니다. 단순한 게임이지만 재귀 알고리즘을 배울 수 있는 좋은 예입니다.

게임 규칙

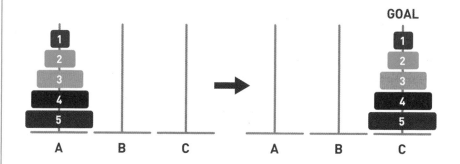

왼쪽 그림에 A, B, C라는 세 기둥이 있고, 기둥 A에 원반 다섯 개가 놓여 있습니다. 이것이 초기 상태입니다. 원반 다섯 개를 순서를 유지한 채 C로 옮기는 것이 게임의 규칙입니다. 원반을 옮길 때는 다음과 같은 두 조건을 지켜야 합니다.

• 이동 조건

❶ 원반을 한 번에 한 개만 옮길 수 있습니다.

❷ 작은 원반 위에 그보다 큰 원반을 놓을 수 없습니다.

이 조건에 맞게 일시적으로 B나 C로 원반을 옮기면서 게임을 진행합니다.

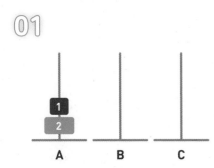

먼저 원반이 두 개인 경우부터 살펴보겠습니다.

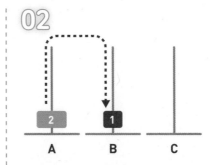

가장 작은 원반은 맨 위에 있기 때문에 B로 옮길 수 있습니다.

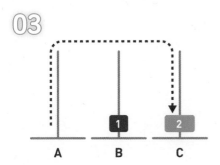

큰 원반을 C로 옮깁니다.

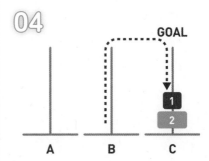

작은 원반을 C로 옮기면 이동이 완료됩니다. 원반이 두 개인 경우 목표에 도달할 수 있음을 확인했습니다.

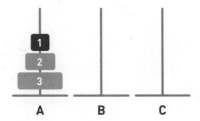

원반이 세 개인 경우는 어떨까요? 가장 큰 원반을 무시하고 나머지 원반을 B로 옮기는 것을 생각해 봅시다.

06

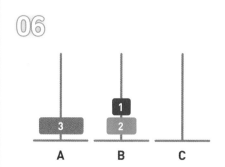

남은 원반 두 개는 앞서 원반 두 개를 C로 옮겼을 때와 동일한 요령으로 B로 옮길 수 있습니다.

07

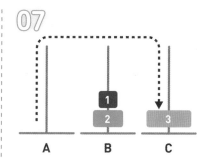

여기서 제일 큰 원반을 C로 옮깁니다.

08

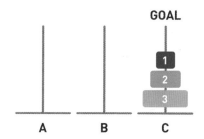

앞의 경우와 동일한 요령으로 B의 원반 두 개를 C로 옮깁니다. 원반이 세 개인 경우에도 목표에 도달할 수 있음을 확인했습니다. 실은 원반 개수에 상관없이 이 게임은 목표에 도달할 수 있습니다. 이를 수학적 귀납법으로 증명해 봅시다.

09

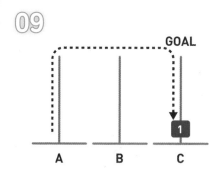

원반이 한 개일 때 목표에 도달할 수 있습니다.

10

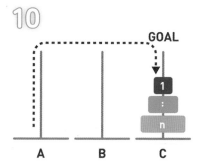

원반이 n개일 때 목표에 도달할 수 있다고 가정해 보겠습니다.

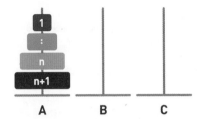

n+1개 옮기는 것을 생각해 봅시다.

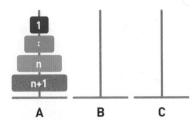

가장 큰 원반을 무시합니다.

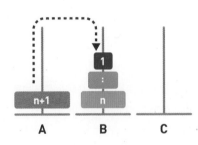

가정에 따라 n개이면 옮길 수 있으므로 n개를 B로 옮깁니다.

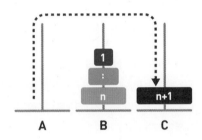

제일 큰 원반을 C로 옮깁니다.

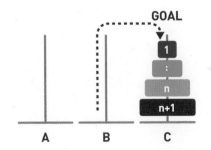

다시 가정에 따라 B에 있는 원반 n개를 C로 옮깁니다. 이것으로 이동이 완료됩니다.

수학적 귀납법으로 원반이 몇 개이든 목표에 도달할 수 있음을 증명했습니다.

해설

싱거울 수 있지만 n개 원반의 하노이 탑 문제는 n-1개 원반의 하노이 탑을 푸는 방법을 이용하면 됩니다. 그리고 n-1개 원반의 하노이 탑 문제를 풀려면 n-2개 원반의 하노이 탑 문제를 푸는 방법을 이용합니다. 이렇게 계속해 나가면, 최종적으로 원반 한 개를 옮기는 해법으로 되돌아갑니다. 이와 같이 알고리즘의 기술에 알고리즘 자신을 이용하는 사고방식을 **재귀**라고 합니다. 이 재귀적 사고방식은 다양한 알고리즘에 사용되며, 이를 **재귀적 알고리즘**이라고 합니다. 병합 정렬이나 퀵 정렬은 재귀적 알고리즘의 예입니다.

▶ 참고 2-6 병합 정렬
▶ 참고 2-7 퀵 정렬

보충 자료

여기서 다룬 재귀적 알고리즘을 풀 때 어느 정도 수고가 들어가는지(즉, 공수) 생각해 보겠습니다. n개 원반의 하노이 탑 문제를 푸는 공수를 $T(n)$이라고 하겠습니다. 1개인 경우 한 번만 옮기면 되기 때문에 $T(1)=1$입니다. n개인 경우 위에 놓인 n-1개를 A에서 B로 옮기는 데 $T(n-1)$, 가장 큰 원반을 C로 옮기는 데 1, B로 옮긴 n-1개를 C로 옮기는 데 $T(n-1)$이 소요되므로 $T(n)=2T(n-1)+1$입니다. 이것을 풀면 $T(n)=2^n-1$이 됩니다. 이보다 공수가 적은 해법은 존재하지 않습니다.

찾아보기